469°)

CATALOGUE

De la belle Collection

De Feu M. Émile MICHELOT, de Bordeaux

4ᶜ VENTE

—⁓⁓—

ESTAMPES

Illustrations, Livres à figures

XVIIIᵉ SIÈCLE EN COULEUR

PORTRAITS EN COULEUR

DESSINS

DONT LA VENTE AURA LIEU

HOTEL DES COMMISSAIRES-PRISEURS

RUE DROUOT, 9, SALLE Nº 4

AU PREMIER ÉTAGE

Du Lundi 14 au Jeudi 17 Février 1881

A UNE HEURE PRÉCISE

COMMISSAIRES-PRISEURS :

Mᵉ Paul PERROT | **Mᵉ Maurice DELESTRE**
rue du 29-Juillet, 11 | rue Drouot, 27

ASSISTÉS DE

M. VIGNÈRES, Marchand d'Estampes,
rue de la Monnaie, 21, à l'entre-sol.

CHEZ LEQUEL SE DISTRIBUE LE CATALOGUE

EXPOSITION PUBLIQUE

Le Dimanche 13 Février 1881, de 1 heure à 4 heures

PARIS — 1881

16.607

905 Catal. aff. à 4.10	90. 50		499.30
Honoraires 10%	4993		
1000 Catal. impression	778		
400 Aff. Colomb. affich.	52. 10		
1 90 1/2 feuilles Montag. à15.	13. 50		
× 90 feuilles — à 0.25	22. 50		
✳ 4 —— à 0.35.	4 40		
52 moins Chemises à 1.50 _pour d'ce à vente_ 78		6029	
Insertion au M. du V		31 30	
Déclaration de vente		1. 60	
Timbre du procès-v.		10. 80	
Enregistrement		1248. 50	
Bourse commune		1572 90	
Honoraire du C S		1572 90	
Clerc et crieur		80	
Location de la salle		199. 20	
Transport à l'hôtel		6	
Commissionnaire		25 10	
Gratification		10	
		10787 30	
Déduire 5% des acq.		2496 50	8290 8
Déduire achat à déd.			41639 2
			111 3
			41527 9

CATALOGUE

De la belle Collection

De Feu M. Émile MICHELOT, de Bordeaux

4ᵉ VENTE

ESTAMPES

ILLUSTRATIONS, VIGNETTES

CONTES DE LA FONTAINE, D'APRÈS FRAGONARD

In-4o, eaux-fortes pures

LIVRES A FIGURES

DEBUCOURT, Modes et Manières du Jour, complet

MUSÉE FILHOL, Le Bon Genre

Suite de Madame de Pompadour

XVIIIᵉ SIÈCLE EN COULEUR

Bartolozzi, Baudoin, Boilly, Bonnet, Boucher,

Carême, DEBUCOURT, DESCOURTIS, Eisen

Fragonard, Greuze

HUET, JANINET, LAVREINCE

Marin, Mixelle, Rowlandson, Saint-Aubin, Sergent

Watteau et autres

PORTRAITS EN COULEUR

DESSINS

Boucher, Carême, Carmontelle, Cochin

Duplessis-Bertaux, Fragonard, Gavarni, Greuze

Grandville, Huet

Jeaurat, Le Prince, Numa, Saint-Aubin, Vernet, Wille, etc.

PARIS 1881

ORDRE DES VACATIONS

PREMIÈRE VACATION

Illustrations .... Nᵒˢ   1 à 94
Vignettes diverses ....   95 à 178
Livres à figures....................... 179 à 213

DEUXIÈME VACATION

XVIIIᵉ siècle, en couleur............... Nᵒˢ 214 à 469

TROISIÈME VACATION

XVIIIᵉ siècle, en couleur............... Nᵒˢ 470 à 619
Portraits par graveurs, en couleur......... 620 à 703
Portraits par noms, en couleur.......... 704 à 725

QUATRIÈME VACATION

Dessins............................... Nᵒˢ 726 à 940

CONDITIONS DE LA VENTE

L'ordre du Catalogue sera suivi.

Cinq POUR CENT en plus des enchères, applicables aux frais.

M. VIGNÈRES, chargé de la vente, remplira les Commissions.

NOTA. Toute commission, sans prix fixé ou sans limite déterminée, sera regardée comme nulle.

M. VIGNÈRES se charge de faire marquer les prix aux Catalogues des Ventes qu'il a faites. Les personnes qui le désirent peuvent s'adresser à lui *franco*.

Plusieurs Amateurs éloignés en ont reconnu l'utilité pour les guider dans leurs achats sur les valeurs des Estampes.

Les Catalogues des Ventes à faire seront envoyés aux personnes qui en feront la demande *affranchie*.

AVIS. — Nous prions MM. les amateurs éloignés de ne pas attendre au dernier jour, pour que les lettres arrivent le matin de la vente; les lettres étant distribuées après mon départ.

Choix de Catalogues avec prix marqués

 # CATALOGUE

ILLUSTRATIONS

SUITE DE VIGNETTES

1 **Andrieux**. Portrait et vignettes avant la lettre, in-8. Superbes ép., toute marge. 4 p.

2 **Beaumarchais**. Mariage de Figaro, par *Malapeau*, d'après Saint-Quentin, 5 p. in-8. Très belles, toute marge.

3 **Béranger**. Suite de vignettes sur bois d'ap. *Grandville*. Superbes ép. in-8° sur Chine, 120 p.

4 — Suite de vignettes lithog., par *H. Monnier*. Première collection, 39 p. Superbes ép. coloriées et remargées in-4.

5 — Suite de quatre vignettes avant la lettre, par *H. Monnier*.

6 — Suite de 26 vignettes par *H. Monnier*, avant la lettre pour les Dernières chansons.

7 — Suite. Grand in-8° sur Chine avant la lettre, d'après *Lemud, Raffet* et autres. Portraits, 100 p. Superbes épr.

8 **Bernardin de Saint-Pierre**. Paul et Virginie. Vignettes et portrait, eaux-fortes par *Ed. Hedouin*, avant la lettre, papier Whatman. Superbes ép. dans son portefeuille. 7 p.

9 — Paul et Virginie, suite de huit eaux-fortes, par *Lalauze*, superbes ép., papier de Hollande dans son portefeuille. Paris, Liseux, 1779.

10 **Berquin**. Pygmalion, in-4, par *Le Mire*, d'ap. *Moreau*, avant et avec la pagination ; — d'ap. *Eisen*, 3 p. avant la lettre ; — les mêmes, avec la lettre et, d'après *Moreau*. En tout, 12 p. superbes.

11 **Boccace**. Contes et Nouvelles, d'ap. *Gravelot*, 86 p.

12 — Décameron, vignettes et portrait, eaux-fortes par *Flameng*. 9 p.

13 **Boileau**. Le Lutrin, d'ap. *Moreau*, 6 p. superbes, in-8 toute marge, et le frontispice de B. Picart, 7 p.

14 — Le Lutrin, par *Cochin*, 6 p. avec entourage, grand in-8. Superbes ép.

15 **Boufflers** (St. J. de). Portrait et vignettes, 10 p., dont 1 avant la lettre, in-8. Superbes ép. toute marge. Vente Sieurin.

16 — Réunion des portraits et vignettes pour ses œuvres. 34 p. Vente Sieurin.

17. **Casanova**. Vignettes pour ses œuvres. 49 p. in-8.

18 **Cervantès**. Suite pour Don Quichotte d'ap. *Le Barbier*, édition Lefèvre. 24 p., imp. à deux à la feuille. Superbes ép. avant la lettre, toute marge.

19 — Suite pour Don Quichotte, par *Chodowiecki*, 30 p. Très belles, dont 5 titres avec fleurons.

20 **Choderlos de Laclos**. Les liaisons dangereuses, 8 p. d'après *Le Barbier*, in-12, remargées à claire-voie, très grand in-8. Superbes.

21 — Les liaisons dangereuses et Faublas, d'ap. Mlle *Gérard* et *Monnet*. 15 p., eaux-fortes pures. Superbes.

22 — Les mêmes, terminées et avant la lettre, et le portrait. 16 p. Superbes.

23 **Demoustier**. Lettres à Emilie sur la Mythologie. 29 p. in-12, d'après *Moreau*. Superbes ép. avant la lettre, marge in-4.

24 **Désaugiers**. Vignettes in-18 pour ses chansons. 9 p. et deux feuilles de texte.

25 **Fénelon**. Télémaque, suite complète de vingt-cinq vignettes d'après *Marillier*. Superbes ép. in-8 avant la lettre, grand papier.

26 **Flaubert** (G). Suite d'eaux-fortes in-12 par *Boilvin* pour illustrer Mme Bovary. Superbes ép. 7 p. dans son portefeuille. Paris, Alp. Lemerre 1876.

27 **Graffigny** (Mme de). Lettres persanes, vignettes et portraits. 9 p. in-12 d'ap. *Lefèvre*, remargées à claire-voie in-4. Superbes.

28 Janin (Jules). Portrait et vignettes à l'eau-forte, 8 p. in-8 par *Hedouin*. Superbes ép., papier vergé.

29 Laborde. Vignettes pour les Chansons, d'ap. *Lebarbier*. 26 p. in-8.

30 La Fontaine. Suite pour l'Amour et Psyché d'après *Moreau*. Portrait d'après *Rigault*. 9 p. in-12. Superbes, toute marge.

31 — Vignettes d'après *Gravelot*, tirées de Boccace et choisies pour La Fontaine. 30 p. remargées à claire-voie, in-4. Superbes.

32 — Vignettes sur bois pour les Contes, remargées à claire-voie, in-4. Superbes. 28 p.

33 — Vignettes tirées de suites différentes du Décaméron, remargée à claire-voie, in-4. Superbes. 9 p.

34 — Vignettes tirées de l'Arioste et autres, choisies pour les Contes, 6 p. remargées à claire-voie, in-4. Superbes.

35 — Vignettes d'après *Marillier*, 8 p. remargées à claire-voie, in-4. Suite complète, superbe.

36 — Vignettes d'après *Moreau* pour les Contes. 9 p. remargées à claire-voie, in-4. Très-belles ép.

37 — Vignettes pour les Contes, collection des fermiers généraux. 80 p. remargées à claire-voie, in-4. Les deux pièces sont en 1er état.

38 — De la même suite. 13 p. dites refusées, remargées à claire-voie, in-4.

39. — Contes, par *Hersent*. 11 p. grand in-4, son portrait, et neuf copies grand in-8, sur Chine, marge in-4. En tout, 21 lithog. rares, dont une, l'Hermite, très rare. *120 Roblin*

40 — Contes, par *Staal*. 6 p. avant la lettre, sur Chine. Magnifiques ép. *14 Roblin*

41 — Joconde, scène du lit, eau-forte in-4, remargée à claire-voie, rare. *125*

CONTES D'APRÈS FRAGONARD, IN-4°

42 — La Gageure des trois commères, le Fil, eau-forte pure, remargée à claire-voie. *182 Schneider*

43 — A femme avare, galant escroc, eau-forte pure. Très-belle ép., marge. *240 Lefilleul*

44 — A femme avare, galant escroc, eau-forte pure. Superbe ép., grande marge. *305 Reboul*

45 — Le mari cocu, battu et content, eau-forte pure. Superbe ép., grande marge. Très rare, Cette pièce n'a pas été terminée. *115 Gosselin*

46 — La clochette, eau-forte pure. Superbe ép., grande marge. *305 Viry*

47 — On ne s'avise jamais de tout, eau-forte pure. Superbe ép., grande marge. *270 Lefilleul*

48 — Le magnifique, eau-forte pure. Superbe ép., grande marge. *350 Lefilleul*

49 — Le mari confesseur ? eau-forte pure. Superbe ép. grande marge. *420 Lefilleul*

50 — Le baiser rendu, *donné*, par *Malbeste*, d'après *Touzé*, eau-forte pure. Superbe ép., grande marge. *499 Roblin*

51 — Le mari cocu, battu et content. — Le paysan qui a offensé son seigneur. — La gageure des trois commères? 3 p. avant la lettre et imp. en couleur. Extrêmement rares.

52 — Le poirier enchanté. — Alix malade. — Sœur Jeanne. — Le juge de Mesle. — La fiancée du roi de Garbe Alaciel écrit son nom sur un arbre. — Le bois. — Le glouton. — La gageure des trois commères. — 8 p. avant toute lettre, grandes marges. Superbes ép., pourra être divisé.

53 — Le baiser donné. — Belphégor. — Le gascon puni. — Le paysan qui a offensé son seigneur. 5 p. avec la lettre. Très belles ép., grandes marges.

54 **Louvet.** Réunion de vignettes pour ses œuvres. 31 p. in-8.

55 — Suite pour Faublas, d'après *Marillier*, *Monsiau* et autres. 27 p. in-8 avant la lettre, toute marge. Magnifiques ép.

56 **Marguerite de Navarre.** Heptaméron. Portrait et vignettes à l'eau-forte par *Flameng*. 9 p. in-12, papier vergé.

57 **Marmontel.** Contes moraux d'ap. *Gravelot*. 21 p. in-8.

58 **Molière.** Vignettes et portrait à l'eau-forte par *Foulquier*, 1re et 2e partie. Magnifiques ép. avant la lettre sur Chine, tirage quart colombier. 48 p.

59 — Vignettes à l'eau-forte par *Teyssonnière*, d'après *Emile Bayard*. 10 p. in-8. Magnifiques ép. avant la lettre, sur Chine volant.

60 **Musset** (Alfred de). 1re série, 10 ; — 2e série, 10 ; — 3e série 10 ; 4e série 12. En tout, 42 p., eaux-fortes par *Monzies* avant la lettre. Superbes ép. sur Japon, dans 4 portefeuilles.

61 **Pope**. Portrait et vignettes pour ses œuvres, in-8, avant toute lettre, tirage in-4°. Superbes.

62 **Prevost** (Abbé). Vignettes pour Manon Lescaut avec le portrait. 9 p. à l'eau-forte *Monzies*. Superbes ép., papier Whatman, dans son portefeuille.

63 — Vignettes pour Manon Lescaut, de suites différentes. 9 p., dont 4 avant la lettre.

64 — Portrait et vignettes pour Manon Lescaut, par *Ed. Hédouin*. 6 p. à l'eau-forte. Superbes ép. papier vergé.

65 — Eaux-fortes par *Lalauze*. 2 p. Superbes.

66 — Suite pour Manon Lescaut, in-8 par *Pasquier*, 8 p. et 1 de *Marillier*, 9 p. remargées. Très rares.

67 **Racine** (J.) Suite d'après *Moreau*, et le portrait par *Saint-Aubin*, 13 p. in-8, marge. Superbes ép.

68 **Raynal**. Histoire du commerce des Indes, 10 p. grand in-8, d'après *Moreau*, toute marge. Superbes ép.

69 **Richardson**. Suite complète de 21 vignettes in-18 d'après *Marillier*, pour Clarisse Harlowe,

70 — Suite complète de 21 vignettes in-8, pour
Clarisse Harlowe, par *Chodowiecki*. Très belles
ép. avant la lettre, rares, et le portrait. 22 p.

71 **Rousseau** (J.-J.). Suite complète de 12
vignettes pour la *Nouvelle Héloïse*, d'après
Gravelot, pour l'édition originale.

72 — Suite de vignettes in-18, d'après *Moreau*.
23 p. Superbes.

73 — Suite pour *Émile*, in-4, d'ap. *Cochin*. 6 p.
Superbes et toute marge.

74 — Vignettes in-4, d'après *Le Barbier*, Monsiau, etc., 16 p. Superbes.

75 — Vignettes in-4, pour *Héloïse*, d'après
Moreau. 6 p. Superbes.

76 **Sévigné**, Vues des châteaux, armoiries, et
cinq portraits par *Dien* et *Masquelier*. En tout
20 p.

77 — Iconographie des lettres de Mme de Sévigné.
137 portraits, tirés des galeries de Versailles,
sur Chine. Très belles ép. dans un portefeuille.

78 **Shakespeare**. Vignettes anglaises remargées.
grand in-8. Bel exemplaire provenant de la
vente Armand Bertin, vues et intérieurs d'appartements, etc. 43 p.

79 — Suite complète de vignettes modernes in-8
par divers. 42 p. sur acier et 38 p. sur bois, en
tout 80 p. Superbes.

80 — Suite de vignettes sur bois, publiées à Londres. 80 feuilles à deux sujets. Environ 160
sujets.

81 — Vignettes au trait, 68 et 2 groupes de portraits. 70 p.

82 — Vignettes pour les œuvres complètes d'a-
près les peintres célèbres, in-8, grand format.
60 p.

83 **Swift**. — Voyage de Gullivert, suite complète
de 10 vignettes d'après *Lefèvre*, in 12. Superbes ép., toute marge.

84 **Voltaire**. Vignettes d'après *Moreau* et portraits par *Saint-Aubin* et autres, 127 p. in-8,
dans un portefeuille.

85 — Suite d'après *Moreau*. 110 p. in-8.

86 — Suite complète. Portraits et vignettes in-4,
d'après *Gravelot*. Superbes ép., marge, 50 p.

87 — Contes par *Chodowiecki*, avec le portrait.
6 p. Superbes.

88 — Théâtre et romans, avant la lettre et eaux-
fortes pures, in-8 d'après *Moreau*. 8 p.

89 — Théâtre et romans, d'après *Moreau*, in-8
avec la lettre, 92 p.

90 — Romans d'après *Moreau*. Magnifiques ép.
avant la lettre, marge vierge, 33 p.

91 — Romans d'après *Moreau*, et le portrait de
Voltaire de *Ficquet*. 18 p.

92 — Romans d'après *Monnet*, et le portrait par
Cathelin. 58 p., toute marge.

93 — Réunion de vignettes pour la *Pucelle*,
d'après *Moreau*, avec entourage d'après
Desenne, avant la lettre, chine et blanc, 38 p.

94 — La Henriade, in-4, d'après *Moreau*. 6 p.
Superbes, toute marge.

VIGNETTES DIVERSES PAR MAITRES

RÉUNIONS POUR ILLUSTRATIONS

95 — Tableaux de la bonne compagnie. Compositions réduites in-18, d'après *Freudeberg* et
Moreau, du Costume physique et moral au
xviiie siècle. 9 p. Très rares.

96 **Chauvet**. Souvenirs d'une cocodette. 11 vignettes à l'eau-forte in-12, imp. en rouge.

97 — La même, suite en noir, 11 p. in-12.

98 — Titre de Restif de la Bretonne et autres,
2 eaux-fortes.

99 **Chodowiecki**. Frédéric II, roi de Prusse,
faisant asseoir en sa présence le général Zeithen.
Superbe ép. — La même composition en
manière noire. 2 p. in-fol.

100 — Éventail. L'Apothéose de Frédéric II, in-fol.
Très rare.

101 — Wilhelm Tell. In-fol. Superbe ép., marge.

102 — Les adieux de Calas à sa famille, in-fol.

103 — Frédéric II passant la revue. Superbe ép.
avec les petits croquis dans la marge du bas,
rare. — Le même avec la lettre. 2 p., petit
in-fol.

104 — Don Quichotte. 12 p. avant la lettre, collées.

105 — Gil Blas de Santillane. 12 p. in-18.

106 — Gil Blas. 6 p. in-8 et 6 fleurons. 12 p. Superbes.

107 — Berlin general Kalender. 13 p. in-18.
Superbes.

108 — Histoire de l'amiral Coligny. 2 feuilles de
8 sujets.

109 — Caroline de Lichtfield 12. — Machbeth 12.
— Gil Blas 12. — Enéide travestie 12. — La
nouvelle Héloise 12. En tout 60 p.

110 — Vignettes pour Sebaldus. 15 p.

111 — Le ministre de Wakefield, etc. 31 p. in-18.

112 — Trois séries de 12 p. ayant la lettre. 36 p.
in-18. Superbes et avec des petits croquis.

113 — Wallenstein. 6 p. sur la feuille et 2 feuilles
contenant 12 sujets, 3 feuilles non coupées.
30 vignettes.

114 — Cinq suites de 12 vignettes in-18. 60 p.

115 — Sujets divers, Gilblas, Don Quichotte et
autres. 58 p. in-8.

116 — Costumes et Coiffures. 22 p.

117 — Mariage de Guillaume V, d'Orange et de la
princesse de Prusse. Petit in-fol,, superbe, et
autres Sujets historiques, in-4, toute marge.
12 p.

118 — Portraits de Chadoviecki et autres, Goethe,
etc. 30 p. de l'in-8 au petit in-fol.

119 — Vignettes pour divers ouvrages. 36 p.

120 **Chodowiecki** (D'après). Cabinet du D. Chodowiecki, intérieur de son atelier et toute sa
famille, petit in-fol. Superbe et rare.

121 — Son portrait de profil, par [Schellenberg
in-8, marge.

122 — Cervantes, Don Quichotte. 30 p. in-8, par
Berger. Superbes.

123 — Calender 1782. Portrait de Voltaire, scènes de ses œuvres et de sa vie. 13 p., par Berger.

124 — Tristram Chandy's, 1778. Cahier de 12 p. in-8, toute marge, par Berger.

125 **Choffard**, 1805. Salon de Basan, in-8 en travers. Belle ép.

126 **Cochin** (D'après). Scènes de la vie des rois de France, surmontées de leurs portraits. 25 p. grand in-8, marge.

127 — Vignettes pour divers ouvrages, sujets historiques. 33 p. in-8 et in-4.

128 **Cochin**. Collections de Vignettes, Fleurons, etc., pour l'histoire de France. 40 p. superbes, sur 31 feuilles in-4, vol. cartonné, 1767.

129 **Duclos** (D'après). Les Sabots, comédie. Babet, Colin, Lucas. 6 p. grand in-8. Superbes ép., toute marge,

130 **Eisen** D'après). Vignettes pour un ouvrage de la Pologne. 8 p. in-8, par *De Longueil*. Superbes ép., toute marge.

131 — Les Sens et autres, 8 p. in-8, par *De Longueil*. Superbes ép., toute marge.

132 — Vignettes et Fleurons collés dans un cahier. 20 p.

133 — Vignettes pour divers ouvrages, plusieurs avant la lettre. 21 p.

134 — Vignettes pour Pygmalion. 8 p. in-8.

135 **Freudeberg** (D'après). Vignettes pour les Contes de La Fontaine. 4 p. dont 3 remargées.

136 **Grandville**. Vignettes sur bois pour les fables de La Fontaine. 120 p. Superbes.

137 **Gravelot** (D'après). Partie de chasse d'Henri IV. 6 p. ovales in-4. Superbes.

138 — Zulime, l'Orphelin de la Chine, etc. 10 p. in-4. Superbes.

139 — Vignettes pour le bréviaire, etc. 9 p.

140 — Ce visage vaut mieux que toutes vos chansons (c'est la galerie du Palais marchand), grand in-8 avec entourage orné. Très belle ép., toute marge.

141 **Marillier** (D'après). La marquise de Ganges entre ses frères. — Ici de la vertu, c'est la pompe paisible. 2 p. in-8.

142 **Martinet**. La simple nature, Forme ici les mœurs, et autre. 2 p. in-8.

143 **Martini**, etc. Semiramide, Atenaide, etc. 18 p. in-8, plusieurs avant la lettre.

144 **Moreau**, 1772. Fête de village : on apporte l'offrande au seigneur. Superbe ép. avant la lettre, in-8, marge.

145 **Moreau** (D'après). Vignettes pour La Fontaine. Conquête du Pérou, etc. 32 p.

146 — Abeilard et Héloïse, suite de 8 p. in-4. Très belles ép., toute marge.

147 — Les Grâces désarmant l'Amour, in-4, par Denys. Superbe.

148 **Saint-Aubin** (Aug. de). Cabinet d'histoire naturelle, in-8. — Trophés d'armes. 2 p.

149 — Allégorie avec les médaillons d'Henri IV à Louis XV, d'après *Boucher*. — Apollon. Les Musés et autres, d'après *Cochin*. 2 p. eaux-fortes pures. Superbes ép., marge.

150 — Pandore, d'après *Cochin*. — Génie accrochant des médaillons, et autre. 3 p. in-8. Superbes.

151 — European Magazine. Vignettes pour Molière et autres, nombre de portraits, caricatures, etc. 96 p. in-8.

152 — Collection de 16 gravures des principaux événements de la Révolution française, d'ap. *Moreau* et *Bertaux*, in-8. Superbes ép., toute marge.

153 — Recueil de gravures pour l'ouvrage de Charlotte Corday et les Girondins, par M. Ch. Vatel. 18 p. et 5 fac-simile d'autographes.

154 **Vignettes** et Portraits pour l'Histoire du Consulat et de l'Empire de M. Thiers. 75 p. sur acier, 15 livraisons. Exemplaire de souscription. 1er tirage.

155 **Vignettes** sur bois pour l'Histoire du Consulat et de l'Empire, par Thiers. 350 p. dans son portefeuille.

156 **Vignettes**. Scènes historiques. Entêtes pour oraisons funèbres, d'après *Cochin, Moreau*. Fleurons, billets de bal, etc., etc. 28 p. in-4, chalcographie.

157 **Vignettes**. La Madeleine, d'après Corrège, Le Brun, Le Guide, Titien et autres. 19 p.

158 **Vignettes**. Sujets mythologiques. Andro- 12.50 Vig
mède, Hercule. Enlèvement de Proserpine et
autres. 33 p.

159 — Triomphe de Galathée, Acis et Galathée, 18 50
Baigneuses, etc. 30 p. Texier

160 — Les Grâces, diverses compositions, d'après 26 Lelogeay
les maîtres anciens et du xviiie siècle. Marillier, Moreau et autres. 30 p.

161 — Vénus et l'Amour, Vénus et Adonis, Danaé, 11 Vig
Léda, etc. 32 p.

162 — Salmacis et Hermaphrodite, Sapho, etc. 11 Vig
22 p.

163 — Bacchus et Erigone, Zéphire et Flore, 21
Jupiter et Io, Diane et Endymion, Psyché et
l'Amour, etc. 55 p.

164 — Scènes d'Amants, François Ier, Henri IV, 14 50
Abeillard et Héloïse, Raphaël et la Fornarina,
Louis XIV et Mlle Lavalière et autres. 46 p.

165 — Pour Parafulla. 5 p. in-12. Superbes et 11 Vig
toute marge.

166 — Sujets mythologiques et gracieux. 25 p. 10 Vig

167 **Réunion** de Vignettes pour illustrer Daphnis 31 Lelogeay
et Chloé, d'après *Moreau, Le Régent, Prudhon*
et autres. 82 p.

168 **Réunion** de Portraits et Vignettes pour illus- 40 Vig
trer Mme d'Epinay. 64 p. Superbes, plusieurs
très rares, vente Sieurin.

169 — De Portraits et Vignettes pour illustrer 39 Lefilleul
Bertin. 50 p. Superbes ép., plusieurs très rares.

170 — De Vignettes pour Ducis. 18 p. — pour 11 Vig
Lagrange-Chancel, portraits 10. En tout 28 p.

171 — Portraits pour illustrer Le Brun. 14 p.

172 — Portraits pour les Mémoires de Lauzun. 18 p.

173 **Vignettes** diverses d'après *Eisen, Gravelot,*
Titres, etc. 44 p.

174 — Petits Sujets dits Tabatières. 25 p.

175 — Pour La Fontaine et autres. 40 p.

176 — D'après *Le Barbier, Monnet, Monsiau* et
autres. 36 p. in-8 et in-4.

177 — Modernes pour divers ouvrages. 45 p.

178 — Tirées de diverses collections. 105 p.

LIVRES A FIGURES

179 Almanach 1793. Les perfidies supposées ou les
médisances pardonnables, orné de musique et
de 13 jolies gravures, rel. en v. rouge, tranche
dorée, étui.

180 **Arioste**. Roland furieux, vignettes in-8, d'après
Cipriani 14 — Cochin 6 — Eisen 8 — Monnet 6
— Moreau 10 — et 2 par Moreau dont une
d'après Greuze, 46 p. par Bartolozzi, Choffard,
De Launay, De Longueil et autres, tirage in-fol.
Très belles ép., vol. demi-rel. maroq. rouge,
dos orné petits fers, doré en tête.

181 **Bouchardon** (d'après). Études prises dans le
bas peuple ou les Cris de Paris; Première suite,
1737, 12 p.—Seconde suite 1737, 12 p.—Troisième suite 1738, 12 p. — Cinquième suite 1746,
12 p. En tout, 48 p. Très belles, grandes marges,
vol. dos toile.

182 **Challe** (d'après). Description du Mausolée de 5.50
la Dauphine en 1767, avec texte, 4 p. et fleurons *Lelogeais*
et entête d'après *Cochin*, brochure in-4.

183 **Costumes parisiens**, 1866 à 1819, coloriés, 60 *Blaizot*
225 p., vol. cartonné.

184 Costumes de femmes de 1800 à 1814, publié à 177 *Texier*
Londres, Ackerman. 144 p., coloriées, vol.
grand in-8, demi-rel. et coins.

185 **Debucourt**. Modes et manières du jour à 2,605 *V...*
Paris à la fin du xviii° siècle et au commencement du xix°. Collection de 52 gravures coloriées.

1. LE PRÉTEXTE, tunique courte. Jupe trans-
parente.

2. TURCARET DU JOUR, prenant une leçon de
tournure;

3. LA PROMENADE. grand chale, avec bande à
jour.

4. CHAISE VACANTE. Bonnet du matin, schal
transparent.

5. C'EST EN VAIN. Tresses de cheveux liées sur
un fichu.

6. LA PETITE COQUETTE. Toquet orné de
plumes, etc.

7. LA RENCONTRE. Coiffure avec guirlande en
spirale, etc.

8. LES CERISES. Coiffure en cheveux et perles.

9. L'ESCARPOLETTE. Chapeau de paille brodé,
sans rubans.

10. A CE SOIR. Schall de gaze noire en échiquier.

11. L'AGRESSION. Bonnet chapeau de gaze.

12. La Correspondance furtive. Coiffure an-
    tique, etc.
13. Il va l'apaiser. Robe avec canezou à col.
14. La Phrase changée. Robe croisée.
15. N'allez pas vous perdre. Robe bouton-
    née, etc.
16. Ah! quel vent. Fichu noir, tablier de gaze.
17. Le Messager fidèle. Fichu canezou, etc.
18. La robe déchirée. Bonnet à un papillon.
19. L'Écolière craintive. Fichu avec effilé, pala-
    tine.
20. La Chute. Capote, spencer garni de poil.
21. Elle le suit.
22. Le Billet doux. Cheveux retroussés, spen-
    cer, etc.
23. Réponse au Billet. Chapeau blanc à petit
    bord.
24. Prends vite. Coiffure en cheveux.
25. Retour de Longchamps. Chapeau avec fichus.
26. Le Lilas. Capote ornée d'épis et de coque-
    licots.
27. Il va fleurir. Cheveux et fichu, robe de
    gaze.
28. Elle est prête à cueillir. Capote ornée, etc.
29. Que lui conte-t-il. Chapeau en coquille, etc.
30. Ne laissai-je rien. Robe en organdis, etc.
31. Venez vous reposer. Pantalon du matin, etc.
32. La Lecture. Chapeau à petit bord, spen-
    cer, etc.
33. Le voilà. Robe à manches et franges noires.
34. Il a plu. Chapeau à boucles.

35. Il ne vient pas. Coiffure étrusque, ceinture en X.
36. Ah! qu'il fait saud! Caraco garni de dentelle.
37. Les deux Amies. Capote à boucles. Tunique.
38. Adieu. Toquet, schall long. Robe garnie.
39. La Réflexion. Coiffure formée de trois bandes.
40. Tenez-vous droit. Capote à fond ouvert.
41. Elle y pense. Paysanne avec barbes liées, etc.
42. Baisez Maman. Capote de velours.
43. M. N. et Mme ***. Large redingote à grand collet de velours, schall d'hiver.
44. Les apprêts du bal. Coiffure étrusque. Costume.
45. La signature. Coiffure en fichu et tresses, etc.
46. Elle le doube. Chapeau ovale, voile foncé.
47. Il ne m'a pas vu. Coiffure avec un voile. Tunique.
48. Plus posément. Toquet noué sous le menton.
49. La Solitude. Fichu posé en marmotte, etc.
50. La Conversation mystérieuse. Voile formant coiffure. Robe boutonnée.
51. Lui a-t-il tout rendu?
52. Me trompe-t-il?

Collection complète, superbes ép. toute marge de la plus grande rareté à trouver complète et en pareille condition montées sur onglets dem.-rel. maroq. rouge et coins, petits fers ornés, sur le dos. Doré en tête. 47 p. à la vente Roth ont été vendues 2,150 fr.

186 **De Man**. Son œuvre à l'eau forte, épreuves sur papier de Chine et papier vergé. Sujets villageois, têtes, portraits, paysages et fac-simile de signatures 97 p., plusieurs avec diffé-rences, vol. in-4, demi-rel. et coins maroq. violet, doré en tête. 51

Ant.-Guill.-Henri-Noltenius DE MAN naquit à Nimègue le 18 janvier 1793; mort en octobre 1842 à la Haye; colonel de génie au service de la Hollande. Cet œuvre, de la plus grande rareté dont il n'existe que trois exemplaires : Un pour le Roi, un pour le Musée de la Haye, et le troisième pour la famille qui est celui que nous présentons en vente. Collection d'un artiste amateur étranger.

187 Galerie du Musée Napoléon, publié par Filhol, graveur. Superbes ép. non rogné, 11 vol. demi-rel. et coins maroquin rouge, dos ornés. Collec-tion Mahérault. 400

188 **Gessner**. Vignettes d'après *Moreau* 48 p. in-8 avant la lettre, les portraits de Gessner, Huber, Diderot sont avec la lettre. 51 p. Superbes ép., tirage grand-in-4, vol. demi-rel. maroq. rouge, dos orné, petits fers, doré en tête.

189 **Homère**. L'Iliade. Vignettes d'après *Marillier*, in-8 avant la lettre, avec encadrement, par Dambrun, De Ghendt, De Launay, Delignon, Ponce et autres. 25 p. Très belles ép., tirage in-fol., vol. demi-rel. maroq. rouge, dos orné, petits fers, doré en tête.

190 **La Fontaine**. Suite complète de 75 vignettes pour les Contes d'après *Monnet* et autres, ép. avant la lettre, in-12, papier vélin ancien, petit vol., dos toile.

191 — Contes in-12 par divers artistes. 43 p. grand papier. Superbes ép. avant la lettre, vol. demi-rel., maroq. vert.

192 — Fleurons pour les Contes, et titres divers. 35 p.

193 **Le bon genre**. Observations sur les modes et les usages de Paris, pour servir d'explication aux 115 caricatures coloriées. Très beau vol., demi-rel. et coins maroq. rouge, dos orné. *1180 Vig*

194 Les appartements privés de l'Impératrice aux Tuileries, décorés par M. Lefuel, architecte, 21 pl. sur chine et 6 feuilles de texte, vol. in-fol. carton. Superbes ép. *12 Pinson*

195 **Meyer**. Amours et figures décoratives appliqués à l'art industriel. 29 lithog. en rouge, vol. in-fol., carton. *8 50 Lebigeau*

196 **Molière**. Vignettes, in-4 d'après *Boucher* par *Cars* et le portrait par *Lépicié*. 34 p. Très belles ép. toute marge, vol. in-4, demi-rel. maroq. rouge, dos orné petits fers, doré en tête. *370 Roblin*

197 **Orfèvrerie**. Réunion de Vases, Fontaines, Théières, Coupes, Sucriers, Pinces à sucre, Chandeliers, Flambeaux, Huiliers, etc. Plus de 100 motifs sur 86 pages. *21 Lebigeau*

198 **Pauquet**. Modes et costumes historiques étrangers, 48 livraisons, 96 p. in-4, coloriées. Superbes ép. dans un portefeuille avec lettres dorées sur le plat. *40 Loizelet*

199 **Renet**. Figures décoratives, eaux-fortes, sujets d'amours et d'enfants. 30 p. in-4, carton. *115*

200 **Photographies** de Bisson frères. Œuvre d'Albert Durer, 108 p., cahier. *49*

201 — Œuvre de Marc Antoine, 112 p. collées, exemplaire unique, les clichés furent détruits après la débâcle des frères Bisson, et 15 p. non collées. En tout, 127 p., vol. in-4, demi-rel., v. vert. *53*

202 Suite d'estampes gravées par Mme la marquise de *Pompadour* d'après les pierres gravées de *Guay*, graveur du Roy, 30 p. Superbes ép. toute marge, excepté la naissance du duc de Bourgogne, petite marge. Suite très rare de cette condition, elle a appartenu au cardinal de Bernis, réunis dans un riche portefeuille maroquin avec grands fers dorés sur les plats.

203 **Tassin**. Plans et Profils de villes de Picardie, Champagne, Lorraine, Bretagne, Guyenne. 175 p., broché.

204 **Vien** (Joseph-Marie). Costumes orientaux exécutés pour la mascarade du carnaval 1748, faite par les élèves de l'Académie à Rome. Caravane du sultan à la Mecque, 30 p. Frontispice et titre. En tout, 32 p. à l'eau-forte. Très belles ép. avec une note de neuf lignes à l'encre rouge de M. Dinaux, vol. in-4, cartonné.

205 Livre de différents caractères, inventés par M. Watteaux et gravés par *Filleul*, 1752. Têtes fac-similé de dessins. 27 p. et titre, vol. in-4, rel. en parchemin.

206 **Recueil** de Masques antiques, d'après des agates, onyx, 13 p. Superbes, toute marge probablement par *Saint-Aubin*, vol. in-4, cartonné.

207 — d'Estampes. Solon et Lycurgue en couleur par *Alix*, le duc de Bourgogne, de *Saint-Aubin* avant la lettre. Grandes vignettes, petit in-fol. pour Télémaque, 2 vignettes pour la Henriade, in-4, d'après *Moreau*, avant la lettre, Anacréon et autres pièces avant la lettre. 48 p., vol. démi-rel.

208 Relation du service fait dans l'église de Saint-Louis à Rome, pour Monseig. Louis, Dauphin, 1711. Texte et 8 p., cahier petit in-fol., 1713.

209 Recueil de vignettes pour le tableau de Paris.
Suite complète de 90 p,, nombre gravées par
Mercier lui-même, les autres par *Duncker*.
Album de 45 feuilles à deux sujets, cartonné.

210 Recueil contenant 253 p. de *Callot*, Misères de
la guerre, Noblesse, Mendiants, Tour de Nesles
et autres suites. — *La Belle*, 109 p. En tout,
362 p.

211 **Volume** contenant des *Callot*, *Le Pautre*,
vases, etc., *Ab. Bosse*. *Silvestre*. Les soixante-
deux rois de France, sur 4 feuilles, superbes
de *Th. de Leu?* et autres pièces diverses. 113 p.
montées sur papier bleu, dos parch. vert.

212 Volume contenant des Estampes diverses. Portraits, Vignettes de *Cochin*, *Eisen*, *Moreau*,
Ab.Bosse. Titres, ornements, etc., pièces rares.
210 p., vol. couvert en parchemin vert.

213 Catalogue de l'argenterie ancienne, à M. le
baron J.-P. et 20 planches représentant les
pièces. — Notice sur la vie de Marc-Antoine
Raimondi par B. Delessert.

ÉCOLE DU XVIIIᵉ SIÈCLE

EN COULEUR

214 **Alix**. Le Télégraphe d'Amour. — La Lanterne
magique d'Amour. 2 p. d'après *Schall*. — Le
petit redresseur de Quilles d'après *Mallet*. —
La Tourterelle poursuivie, par *Coqueret*, 4 p.
in-fol. faisant suite. Superbes ép. toute marge,
collection Mulbacher.

215 **Anonyme.** Femme sur un lit de repos. — Femme au bain, 2 petits ronds pour boutons. — Le Repasseur ovale in-8 3 p. Très belles sans marge.

216 — Babet ou la Rose : Buste de jolie femme, coiffée d'un chapeau de paille ovale, in-8. Superbe ép., marge.

217 — Coiffure de dame d'après *Huet*. — New thought, c'est la gimblette de *Fragonard*, 2 p. in-8 sanguine. Très belles ép.

218 — Femmes couchées, 2 ronds in-8. Superbes ép. avant toute lettre, toute marge. Très rares.

219 — Les Regrets inutiles. — La petite Espiègle, 2 ronds petit in-4. Superbes ép. toute marge. Rares.

220 — Coucou, rond in-8. Superbe ép. toute marge. — Le Toucher, ovale grand in-8. Très belle ép., marge. 2 p. en bistre.

221 — L'Amour à la cuisine. — L'Amour au salon. 2 ovales in-8 sur la même feuille. Très belle ép., marge.

222 — Le Sacrifice de la rose ; Bergers, rond in-4. Très belle ép. toute marge.

223 — Femme assise sur son lit, lisant une lettre, grand in-8. Superbe.

224 — L'Amant de la cuisinière? in-4 en rouge, publié à Londres; belle ép., marge. Rare.

225 — La Cuisinière rusée, in-4. Superbe ép. rare. Collection Leblanc.

226 — The Bosse Split, rond in-4. Superbe ép. Très rare.

227 — Gouffier enchanté de la visite d'une jeune femme, in-4. Superbe ép. avant toute lettre, marge du cuivre. Très rare.

228 — Vénus présentant une pomme à l'Amour, petit in-fol. Sans marge.

229 — La pudeur alarmée, in-4. Très belle ép. publié à Londres.

230 — La chambrière instruite. In-4, colorié, sans marge, remargé.

231 — Jeune homme entrant chez une dame à sa toilette. In-4, en bistre, sans marge, très rare. Très belle ép.

232 — Deux femmes costumes du temps, assises sur un canapé et dormant, in-4, sans marge, remargé. Très belle ép.

233 — La partie d'œuf frais. Ovale, petit in-fol. colorié, superbe.

234 — Voyage à Cythère. In-4, sans marge, très belle.

235 — Le plaisir. Petit in-fol., sans marge, très rare, collé.

236 — Riche intérieur, une soubrette remet à une jeune dame couchée dans un lit et lisant une lettre, une boîte de bonbons que vient de lui remettre un jeune homme que l'on aperçoit à droite par la porte entre-baillée. Superbe ép. avant toute lettre en bistre, de la plus grande rareté, collection Behague.

237 — Colin-Maillard, scène de trois personnages dans un parc. Très belle ép., in-fol., remargé, rare.

238 — Jeune paysanne dansant, tenant un bouquet. Sanguine in-fol.

239 — Jeune femme nue assise, in-fol. Sanguine, remargé.

240 — L'Amour enchaîné par les Grâces. — Les Grâces enchaînées par l'Amour. 2 p. in-fol. Très belles ép., sans marge.

241 — Le portrait de l'amant, in-fol. Très belle ép., marge.

242 — Pan et Syrinx : Satyre fouettant une bacchante, in-fol., superbe ép. D'après Carême

243 — La grotte. Satyre surprenant deux sirènes couchées dans une grotte. In-4, en bistre, en travers, sans marge.

244 — Le flambeau de l'Amour. Ovale, in-4, en travers, belle ép., toute marge.

245 — La Charité. — Jupiter et Io. 2 p. in-fol.

246 — Diane et Calisto, in-fol. Superbe ép. avant toute lettre, toute marge.

247 — Intérieur d'une caverne de voleurs : on va attacher une jeune femme ; grand in-fol. Très belle ép., sans marge, rare.

248 — Le bouquet impromptu, grand in-fol. Belle ép.

249 — Joseph et la femme de Putiphar. — Très grand in-fol., superbe ép.

250 **Baltard**. La Cour du Louvre en 1803, grand nombre de figures, costumes du temps, en bistre. Collection Laberaudière.

251 **Bartolozzi**. Sincerity. — Serenity. — Admiration. — Trois bustes de femmes, ovales, in-8, sanguine.

252 — Winter. Ah ! mon Dieu qu'il fait froid ! d'après *Wheatley*. Superbe ép., toute marge.

253 — La fleur. — The sword, 2 p. rondes in-fol., d'après *Harding*, rares. Collection Mulbacher.

254 — Euphrosine, ovale, in-fol., d'après *Amiconi*. Très belle ép., lettre grise.

255 — Toilette de Vénus entourée de dix amours, in-4, en travers, en bistre, magnifique ép., avant toute lettre.

256 — The triumph of beauty and love, ovale en travers, d'après *Cypriani*, sanguine, petit in-fol. Très belle ép.

257 — Vénus sleeping, ovale, in-fol., d'après *Annibal Carrache*. Très belle ép., en bistre.

258 — Romain écrivant les paroles d'une femme qui rêve, d'après *Martin*. Superbe ép. in-fol., en bistre, avant la lettre, marge.

259 **Baudouin** (d'après). L'éveillé, in-4, par *Metz*. C'est la composition de l'amant entrant par la fenêtre, en bistre. Superbe ép., marge.

260 — L'agréable négligé, grand in-4, par *Janinet*. Superbe ép.

261 — La réunion des plaisirs : Jeune femme coquette qui boit en jouant aux cartes. Superbe ép., avant toute lettre, grand in-4.

262 — Le désir amoureux : Jeune femme entourée d'amours jette son livre dans la fumée qui lui procure une vision, ovale, petit in-fol. Superbe ép., avant toute lettre et avant le changement du groupe, très rare (E. B. 19).

263 — Le rendez-vous, in-fol., par *Bonnet*, 1771 (E. B. 41).

264 — Les plaisirs réunis : satire et bacchante, in-4, en travers, par *Briceau*. Original très rare avec le n° 19. — La copie héliographique, procédé Durand, 2 p. sanguine.

265 — J'y vais. — Ouest-là ? 2 p. petit in-fol., en travers. Très belles ép., toute marge.

266 **Beaulier** (d'après). Toilette du soir. — Toilette du matin. 2 p., grand in-4, sanguine. Superbes ép., marge.

267 **Benazech**. Le couronnement de la rosière. Le prix de l'agriculture, 2 p. in-fol., en couleur. Très belles ép.

268 **Benoist**. Ayez pitié de moi ! d'après *Mallet*. — C'est pour vous que je la cultive, d'après *Bergeret*. 2 p. grand in-4, ovales équarris, superbes et toute marge.

269 **Boillet** (J.-N.). Ariette de Rosette et Colas, acte 5, sanguine, in-4, d'après *Doublet*, avant chez Isabey, extrêmement rare. Superbe ép., grande marge.

270 — Quatuor de Lucile, acte 1, sanguine in-4, d'après *Doublet*, superbe ép., grande marge, très rare.

271 **Boilly** (d'après). La jardinière. — La solitude.
2 p., petit in-fol., par *Tresca*. Superbes ép.,
toute marge.

272 — Ah ! comme il y viendra, in-fol., par
Clavareau. Très belle ép., marge.

273 — Jeune fille et jeune garçon regardant des
papillons sur un rosier, in-fol., par *Tresca*.
Superbe ép. avant la lettre.

274 — Ça ira, grand in-fol., par *Mathias*

275 — L'optique, très grand in-fol., par *Cazenave*.
Très belle ép., sans marge.

276 **Bonnet.** Scènes de Jeannot, 7 p., grand
in-8, en 1re ép.

277 — Jeannot et un garçon pâtissier. — Ragot en
montrant le tableau, 2 p., grand in-8, copies,
grandes marges.

278 — L'agréable résistance. — L'accord heureux,
2 p. ovales, in-8, marge. Très belles ép.

279 — La femme prudente, rond in-8, belle ép.,
rare.

280 — L'abbé galant, petit in-4, rare.

281 — Jeune fille, de profil coiffée d'un chapeau,
fac-simile, sanguine, Superbe ép., sans marge.

282 — Tête de jeune femme d'après *Eisen*, fac-
simile de dessin (crayon noir rehaussé de
blanc.

283 — Études pour les demoiselles, 3 jolis costumes, sanguine, petit in-fol. Très belles ép.
Collection Behague.

284 — Le chat au guet. — La cage ouverte, 2 p.,
in-4. Superbes ép. Collection Laberandière.

285 **Bonnet** (chez). Le concert des trois Grâces. ... 8
Sujet gracieux en couleur. Superbe ép., marge.

286 — La déclaration. — L'amant pressant, 2 p.,
petit in-fol. Très belles ép., sans marge.

287 — L'éventail cassé. — L'amant écouté, 2 jolies
compositions. Très belles ép., petit in-fol.

288 — Le déjeuné : Jeune femme regardant une
saucisse · dans avec lorgnette, petit in-fol.
Superbe ép.

289 — Le bain, d'après *Jollain* petit in-fol. Superbe. ... 8

290 — La belle toilette, petit in-fol. Très belle ép. ... 14

291 — La belle cachette, petit in-fol. Très belle ép. ... 19

292 — La jarretière. Magnifique ép., toute marge,
in-fol.

293 — Le déjeuné, petit in-fol., d'après *J.-B. Huet.*
Magnifique ép., marge.

294 — Le goûter, d'après *Baudouin*, petit in-fol.
Magnifique ép., marge.

295 — Le dîner, d'après *Huet*, petit in-fol. Magni-? 1050
fique ép., marge.

296 — Le souper, d'après *Huet*, petit in-fol.
Magnifique ép., marge.

297 — Le jeu de dames. — Le jeu de dominos 35
d'après *Le Clerc*, 2 p., sanguine. Très belles
ép., petit in-fol.

298 — Homme et femme de qualité, costumes 16
avec de très hautes coiffures poudrées. Sanguines superbes, petit in-fol., toute marge.

299 — A beau cacher : Scène se passant au coin de la place des Victoires et de la rue Neuve-des-Petits-Champs, petit in-fol., sanguine, d'après *Le Clerc*, rare. — Jeune dame à sa fenêtre appelant un passant, 2 p. Superbes ép., avant la lettre.

300 — La chasse de l'Amour, d'après *Carle Vanloo*. In-fol. Superbe ép. sanguine, marge.

301 — Mars et Vénus, grand in-fol., sanguine, avant toute lettre. Très belle ép.

302 — L'Insomnie amoureuse, grand in-fol., sanguine, avant toute lettre. Très belle ép.

303 — La même avec la lettre. Très belle ép.

304 — Diane au bain, d'après *Huet*, petit in-fol., toute marge.

305 — Jupiter métamorphosé en Diane, petit in-fol., marge.

306 — Jupiter et Io. — Jupiter et Semelé, 2 ovales en travers, sanguine, toute marge. In-fol.,

307 — Samson pris par les Philistins chez Dalila. In-fol., fac-simile d'un dessin crayon noir rehaussé de blanc, d'après *Van Dyck*.

308 — L'Amour prie Vénus de lui rendre ses armes, fac-simile d'un dessin aux trois crayons. In-fol., superbe.

309 — Nymphe de fontaine. In-fol., fac-simile d'un dessin au crayon noir rehaussé de blanc, d'après *Natoire*. Superbe ép. toute marge.

310 **Borel** (D'après). La Circassienne à l'encan. In-fol., par *Léveillé*. Très belle ép. toute marge.

311 — La Correction inutile. In-fol., par *François*, 7
Sanguine, belle ép.

312 — La bascule, gravé en couleur par *Léveillé*. 36
Grande composition pittoresque de personnages de condition à une fête de village, costumes élégants. Superbe ép. toute marge.

313 **Bosio** (D'après). Le volant. Jolie composition,
petit in-fol., colorié. Superbe ép. toute marge.

314 **Bouchardon** (D'après). Académies d'hommes,
in-fol. 3 p. grand in-fol., sanguine, par
Demarteau et *Bonnet*. Superbes ép.

315 **Boucher** (D'après). L'Heure du berger. In-4., 150
colorié.

316 — Mères et Enfants, fac-simile d'un dessin au
bistre. In-4., par *Janinet*.

317 — Têtes et jeune fille portant une corbeille de 7
fleurs. 3 p. sanguine.

318 — Jeune femme en buste tenant deux pigéons, 13
fac-simile aux trois crayons par *Demarteau*.
In-4., superbe,

319 — La petite école, sanguine, petit in-fol., par 6
Bonnet. Superbe.

320 — Jeune femme nue assise sur son lit tenant 17
des fleurs. Magnifique ép. sanguine par *Demarteau*, marge.

321 — Jeune fille en buste regardant en l'air, dirigée à droite. — La même dirigée à gauche.
2 p. sanguine, in-4. Superbes ép. marge.

322 — Jeune paysanne tenant un panier de roses 16
in-fol., sanguine; par *Demarteau* (101). Magnifique ép. toute marge. Collection Didot.

323 — (La laitière), petit in-fol., par *Janinet*, sanguine. Superbe ép. Collection Soleil.

324 — Jeunes garçons regardant une jeune fille qui dort, petit in-fol., sanguine, par *Demarteau* (137). Superbe ép. marge. Collection Didot.

325 — Les colombes chéries, petit in-fol., sanguine, par *Petit*. Belle ép. remargée.

326 — Vénus réveillée par Zéphir, sanguine, petit in-fol., par *Demarteau*. Superbe ép. toute marge.

327 — Vénus réveillée par Zéphir, petit in-fol., sanguine, par *Demarteau*. Superbe ép. Collection Soleil.

328 — Le retour des champs, petit in-fol., sanguine, par *Bonnet*. Superbe ép. Collection Didot.

329 — Le sommeil interrompu. Sanguine, petit in-fol., par *Bonnet*. Superbe ép. Collection Didot.

330 — Les trois Bacchantes ivres. Charmante pièce gracieuse, sanguine, petit in-fol. Très belle ép. marge. Collection Didot.

331 — L'Éducation de l'Amour. In-fol., par *Demarteau*, sanguine, marge.

332 — La bergère bienfaisante. Petit in-fol., sanguine, par *Bonnet*. Très belle ép. marge.

333 — Nymphe couronnant un buste de femme entouré d'amours. Sanguine in-fol., par *Demarteau*. Belle ép. petite marge.

Lacroix 48   334 — Jeune femme nue assise sur son lit, parlant   40   *Berard* 18
à une personne dans la ruelle, sanguine,
in-fol., par *Bonnet*. Très belle ép. marge.
Collection Behague.

Viy 31   335 — Léda. Sanguine, in-4. en travers par *Demar-*   *Houyard* 20   *Berard* 6   *L. B.*
teau (220). Superbe ép. marge. Collection
Soleil.

4   336 — Vénus et l'Amour couchés. Sanguine, grand
in-4., en travers. Très belle ép. sans marge.
Collection Soleil.

10   337 — (Le sommeil de Vénus) par *Demarteau* (87).
In-fol., sanguine. Superbe ép. marge.

Viy 20   338 — Vénus couchée sur le ventre, et l'Amour   *Petchouhin* 10   *Houyard* 25
qui dort. Sanguine, in-fol. (46), par *Demarteau*.
Superbe ép. marge.

Fraget 3.50   339 — Nymphe de fontaine. Sanguine, in-fol., par   3
Petit.

Gosselin 5.50   340 — Vénus et l'Amour dormant, Sanguine, in-
fol. Très belle ép. sans marge.

Viy 26   341 — Femme nue couchée sur un canapé. Petit   *Houyard* 25
in-fol., sanguine, par *Demarteau* (227). Très
belle ép. toute marge.

Molinet 11   342 — La dormeuse. Sanguine, in-fol., par *Bonnet*.   12
Belle ép. petite marge.

Texier 26   343 — Vénus couronnée par l'Amour. Petit in-fol.,   *Fauvelle* 5
fac-simile aux trois crayons. Superbe ép. sans
marge.

Mayer 18   344 — Vénus surprise par l'Amour. Petit in-fol.,   15   *20*
fac-simile aux trois crayons. Superbe ép.

345 — Vénus couchée, tenant son pigeon, fac-simile de pastel sur papier bleu, in-fol., par *Bonnet*. Superbe ép. avant la lettre. Collection Behague.

346 **Bounieu.** (D'après). La Confidence, par *Jubier*, en couleur, in-fol., en travers : Jeune fille faisant lire la lettre qu'elle écrit à un jeune homme.

347 **Bourgeois de la Richardière.** Bacchante d'après *Le Roy*. Ovale in-fol., superbe.

348 **Breton** (Chez Mme). Offerta à l'Amore, ovale in-4, sanguine.

349 **Briceau.** L'agréable repos. Grand in-4, en travers, d'après *Lainé*. Superbe ép. toute marge.

350 **Brion.** La toilette au Harem. Grand in-fol., par *Krauss*. Superbe ép. avant toute lettre.

351 **Bunbury.** Buxoma : Jeune fille anglaise portant deux seaux. Petit in-fol., par *D. Weiss*. Très belle ép. toute marge.

352 **Careme** (D'après). L'Aveugle trompé. Petit in-fol., par *Wossenik*. Superbe ép. avant la lettre.

353 — Jeune femme assise sur un banc dans un parc regarde une miniature, l'amant la regarde derrière le feuillage. Charmante composition, in-4, par *Jubier*. Superbe ép. Très rare.

354 — Les amants satisfaits. Petit in-fol., par *Phélipeau*. Très belle ép.

355 — Le réveil du carlin. In-fol., par *Carrée*. Superbe ép. toute marge.

356 — La danse champêtre. — Les plaisirs champêtres. Grand in-4, en travers, par *Wossinik*. Superbes ép. 2 p. toute marge.

357 — Scènes bachiques de villageois. 2 p. petit in-fol., par Mixelle. Superbes ép.

358 — Bacchanale de cinq figures. Petit in-fol., au bistre. Très belle ép. sans marge.

359 — Les plaisirs du bain. Petit in-fol., par Jubier. Superbe ép. marge.

360 — Bacchanale de six figures. Petit in-fol., par Demarteau. Superbe ép.

361 — Le satyre impatient : Trois bacchantes et un satyre. Sanguine, in-fol., avant toute lettre.

362 **Cazenave.** L'Amour se reposant sur le sein de Vénus endormie. In-fol., très rare et très belle ép. avant toute lettre, collection Mulbacher.

363 **Chaillou** (chez). L'Amant pressant. — L'Instant passé. 2 pièces rondes. In-4. Superbes ép. toute marge.

364 — La fille engageante. Rond in-4, en bistre, très belle ép. sans marge, rare.

365 **Challe** (D'après). Chu-u-u. Ovale in-8, en travers, par *Chaponnier*. (C'est la soubrette officieuse). Superbe.

366 — Quand l'Hymen dort, l'Amour veille. Ovale grand in-fol., en travers. Superbe ép. marge.

367 **Civil** (Chez). La chercheuse de puces. Rond petit in-4. Superbe, toute marge.

368 **Cochin** (D'après). Allégorie sur la maladie du dauphin, grand in-4, par *Demarteau*. Magnifique ép. avant toute lettre. Très rare.

369 **Commarieu.** Ah ! s'il y voyait. D'après *Vincent*. In-fol., colorié.

370 **Condé.** Mélania. Portrait d'une très jolie femme. Ovale in-8, d'après *Cosway*. Superbe ép. toute marge.

371 **Coqueret.** Départ de Marceau, remargé. — Mort de Marceau. Il est glorieux de mourir pour sa patrie. Avant toute lettre, 2 p. in-fol., très rares.

372 **Coutellier** (D'après). Le secret entretien, par *Pitou*. Ovale in-fol., très belle ép. marge. Collection Mülbacher.

373 **Dagaty.** Vues de Londres : Nº 1. Entrée de Piccadilly du côté de Hyde-Park. — Nº 2. Entrée de Saint-Georges-Road, avec une vue du Cirque Royal. 2 p. grand in-fol., Superbes ép. toute marge. Collection Mulbacher.

374 **Dagoty** (Gautier). Apollon, ou le lever du soleil. — Et pendant : Femme maîtrisant un cheval, d'après *Jules Romain*. 2 p. in-fol., rares.

375 **Davesne.** Les cerises : Jeune fille jouant avec des cerises. Ovale in-fol.

376 **Debucourt.** Officier et grenadier de la garde royale française. — Soldats des gardes impériales russe et allemande. 2 p. petit in-fol., d'après *C. Vernet*, sans marge.

377 — Promenade au bois de Vincennes. Petit in-fol., superbe ép. toute marge. Collection Béhague.

378 — Rempailleur de chaises. — La marchande de cerises. 2 p. petit in-fol., d'après *C. Vernet.*

379 — La marchande de poissons. Sans marge. — La marchande d'eau-de-vie. 2 p. in-fol., d'après *C. Vernet.*

380 — La marchande de saucisses. Petit in-fol., d'après *C. Vernet.* Superbe ép. marge.

381 — La Marchande de coco, petit in-fol. d'après *C. Vernet* (elle donne à boire à un soldat russe). Superbe ép. toute marge. Collection Laberaudière.

382 — Le Marchand de peaux de lapin, petit in-fol. d'après *C. Vernet.* Superbe ép. toute marge. Collection Laberaudière.

383 — Il n'y a pas de feu sans fumée, petit in-fol. d'après *C. Vernet.* Très-belle ép. Collection Leblond.

384 — Passez, payez, petit in-fol. d'ap. *C. Vernet.* superbe ép., marge. Collection Laberaudière.

385 — La Toilette d'un clerc de procureur, petit in-fol. d'ap. *C. Vernet.* Très belle ép.

386 — Le jour de barbe d'un charbonnier, petit in-fol. d'après *C. Vernet.* Très belle ép. Collection Labéraudière.

387 — Inutile précaution, petit in-fol. d'après *C. Vernet.* Superbe ép. toute marge. Collection Behague.

_10_   388. — Le Modèle à barbe, petit in-fol. d'après *21* *Vig*
C. *Vernet*, en bistre. Superbe ép., marge.
Collection Laberaudière.

_51_   389. — Le coup de vent, petit in-fol. d'après *80* *Vig*
C. *Vernet*. Superbe ép. toute marge Collection Behague.

_8_   390. — Promenade anglaise, petit in-fol. d'après *20* *LePogeais*
C. *Vernet*. Très belle ép.

_10_   391 — Marche d'officier anglais, petit in-fol. d'ap. *20* *Gieffe*
C. *Vernet*. Superbe ép. toute marge.

_70_   392 — La partie de plaisir, petit in-fol. d'après *51* *Schneider*
C. *Vernet*. Superbe ép. toute marge. Collection Behague.

_1250_   393 — Houssard anglais, petit in-fol. d'après *20* *Schneider*
C. *Vernet*. Très belle ép., marge.

_550_   394 — Adieux d'un Russe à une Parisienne, petit *15* *Gosselin*
in-fol. d'après C. *Vernet*. Très belle ép.

_19_   395 — Les amateurs de plafonds au Salon, in-fol. *65* *V.*
d'après C. *Vernet*.

396 — Les chevaux de bateaux, in-fol. en travers, *25*
d'après C. *Vernet*. Belle ép. sans marge.

_24_   397 — Route de Poissy, in-fol. d'après C. *Vernet*. *20* *Schneider*
Très belle ép., marge.

398 — Route de Poissy, — Route de Saint-Cloud. *14*
2 p. in-fol. Copies.

399 — Que vas-tu faire? — Qu'as-tu fait? 2 ovales *41* *Vig*
en hauteur, petit in-fol. Très belles ép., rares.

400 — La main, — la rose. 2 p. petit in-fol. très *436* *Paulme*
rares, avec vers au bas, petite marge en plus
de la marge du cuivre. *atroce*

401 — L'oiseau privé, scène dans un parc, in-fol.
gravé au pinceau. Remargé.

402 — Annette et Lubin (1789) avec leurs portraits
au-dessous. Très belle ép., petit in-fol.

404 — 1789. La noce au château, jolie composition
imprimée en couleur. Superbe ép.

405 — 1786. Le menuet de la mariée, composition
d'un grand nombre de figures, jolis costumes.
Superbe ép., grande marge.

406 — L'oiseau ranimé. Jolie composition de
deux jolies femmes, costumes élégants. Très
belle ép. de la pièce la plus rare du maître,
in-fol., remargée. Collection Mulbacher.

407 — L'heureuse famille, grand in-fol., très-belle
ép.

408 — Il est pris : Pendant que le pêcheur attrape
son poisson, on embrasse sa femme, ovale
in-fol. en travers. Superbe ép., marge.

409 — La jeune femme, in-fol. Superbe ép.

410 — La séparation pendant une nuit d'hiver,
le bord de la mer, effet de neige, in-fol.
Superbe ép. toute marge.

411 — La danse des chiens en désordre, grand
in-fol. Très belle ép. d'après *C. Vernet*.

412 — Promenade de la galerie du Palais-Royal,
pièce très curieuse pour les types et le nombre de charmants costumes de l'époque. Très
belle ép. en couleur, remargée.

413 — 1784. Promenade du jardin du Palais-Royal,
in-fol, pièce en couleur curieuse pour les costumes du temps. Superbe ép. Collection
Behague.

414 — (Dessiné et gravé par) 1792. La promenade
publique, aux Tuileries. Superbe composition
où se trouvent réunis les principaux costumes
du grand monde de l'époque. Pièce imprimée
en couleur, grand in-fol.

415 **De Longueil**. Les Dons imprudents, — le
Retour à la vertu. 2 p. in-fol. Superbes ép.
Collection Leblond.

416 **Demarteau**. Jeune bergère, — jeune femme
nue, couchée. 2 sanguines in-fol.

417 — Portrait de jeune fille, d'après *Courtois*,
ovale petit in-fol. Superbe ép. toute marge.

418 — Profil de jeune femme, gandeur naturelle,
d'après *Vincent*. Très belle ép., marge.

419 **Deny** (chez). L'Agréable surprise, ovale
grand in-4. Colorié.

420 **Descourtis**. Noce de village, in-fol. d'après
Taunay, en couleur. Belle ép., marge.

421 — Foire de village, in-fol. d'après *Taunay*,
avec les armes. Très belle ép.

422 — La rixe, in-fol. d'après *Taunay*. Belle ép.,
marge.

423 — Le Tambourin, in-fol. d'après *Taunay*,
marge.

424 — L'Amant surpris, — les Espiègles. 2 p.
d'après *Schall*, grand in-fol. Superbes ép.
toute marge. Collection Behague.

425 **Desrais** (d'après) 1780. Bacchanale de quatre figures in-4, en travers en bistre, très rare. Collection Soleil.

426 — Promenade du boulevart italien ou petit Coblentz, in-fol, par *Voysard*. Très belle ép. coloriée, remargée.

427 **Dickinson**. Lucrèce. Jolie femme dormant les seins découverts, ovale en travers, grand in-4 en bistre. Superbe épreuve, toute marge. Collection Mulbacher.

428 **Ecole anglaise**. Le Vaux-Hall à Londres ? Dans un jardin public, réunion de plus de vingt personnes, hommes et jolies femmes, jolis costumes, musiciens, etc. Très grand in-fol. en couleur, sans marge, parfaitement remargé avec marque de planche, simulant une ép. avant toute lettre. Superbe et très rare.

429 **Eisen** (d'après). L'Odorat, — le Goût. 2 p. in-fol.

430 — L'observateur trompé, ovale petit in-fol. (c'est le Poirier enchanté des Contes de La Fontaine). Colorié.

431 — Le réveil dangereux, in-4 en travers, sanguine par *Briceau*, rare. Très belle ép.

432 — Tarquin et Lucrèce, — Joseph et Zaluca, 2. p. petit in-4 en travers, par *Janinet*. Très belles.

433 — Le Berger imprudent, in-fol. par *Gaillard*, imp. en bistre. Très belle ép.

434 Fragonard (d'après). Jeune page, ovale in-8, remargé. — Jeune fille regardant en l'air, ovale in-8. — Jeune femme debout, par *Bonnet*. 3 sanguines.

435 — Homme en pied, assis, in-fol, par *Demarteau* (251). Très belle ép, toute marge.

436 — Fontaine d'amour, petit in-fol. par *Audebert*. Superbe ép., grande marge.

437 — Spirat adhuc amor, in-4 en travers en bistre par le comte de *Paroy*. Très belle ép., marge.

438 — Le Verrou, grand in-4 par *Noipmacel* (Le Campion).

439 — La Culbute, en bistre, in-fol. Très belle ép.

440 — La Résistance inutile, grand in-fol. par *Vidal*.

441 Freudeberg (d'après). Le retour des champs, petit in-fol. par *Carré*: Superbe ép., marge.

442 Gaugain. January and May, ovale in-4. Très belle ép.

443 Greuze (d'après). Jeune fille pleurant son oiseau mort, ovale petit in-fol. remargé. Très belle ép.

444 — Serena, buste de jeune fille, par *Bause*, ovale petit in-fol. en bistre. Très belle ép., marge.

445 — Bacchante, petit in-fol. par *Bourgeois de la Richardière*. Très belle ép.

446 — Jeune fille à sa fenêtre, ovale in-fol. en travers. Superbe ép. avant toute lettre, marge.

447 — Tête grandeur naturelle de la Philoso-
phie endormie (Mme Greuze). Sanguine par
Demeuse.

448 — Tête grandeur naturelle de Mme Greuze,
fac-simile par *Bonnet.* Sanguine.

449 — Tête grandeur naturelle de Mme Greuze,
étant jeune. Sanguine par *Bonnet.*

450 **Harriet** (d'après). Le Thé parisien, suprême
bon ton au commencement du xixe siècle,
scène des mœurs et costumes de l'époque,
grand in-fol en bistre. Très belle ép.

451 **Holland** (chez W.). Vente des beautés anglaises aux Indes orientales, grand in-fol.
colorié, rare. Collection Mulbacher.

452 — A Londres. Jeune femme couchée sur un
lit. Magnifique ép. avant la lettre, rare. Collection Behague.

453 **Houten** (Van). Jeune fille en buste, tenant
une lettre. Très belle ép. ovale in-4, avant
toute lettre.

454 **Huet** (d'après). Bergère et ses moutons, sanguine par *Demarteau* (230), petit in-fol. Très
belle ép. Collection Roth.

455 — Buste de jeune fille tenant une grappe de
raisin, ovale in-4. Superbe.

456 — Bacchante à laquelle un amour présente du
raisin, in 4, par *Demarteau* (576).

457 — La recherche des appas, ovale petit in-fol.,
marge. Superbe ép., rare.

458 — L'Amour enchaîné par les Grâces, — les *50* Grâces, enchaînées par l'Amour, 2 p. ovales, petit in-fol.. par *Bonnet.* Superbe ép.

459 — Coiffure, Costume de femme, Ornement, sanguine in-4. Très belle ép.

460 — Offrande à l'Amitié, — Offrande à l'Espérance, petit in-fol. par *Jubier*, 2 p. Superbes ép.

461 — Jupiter couvre la terre de nuages pour jouir d'Io, petit in-fol. par *Bonnet.* Très belle ép.

462 — Vénus donnant ses ordres à l'Amour. — Les Amours rendant hommage à Vénus, 2 p. in-4, par *Bonnet.* Superbes ép., toute marge.

463 — La bonne mère, grand in-4, par *Bonnet.* Très rare.

464 — Jeune danseuse devant le maître de musique, intérieur avec cinq figures, petit in-fol. avant toute lettre. Très belle ép.

465 — Pygmalion amoureux de sa statue, grand in-4, par *Jubier*. Très belle ép.

466 — L'heureux chat : Dame à sa toilette, sujet très gracieux, petit in-fol. par *Bonnet*, Superbe ép., toute marge.

467 — L'été, par *Liger*, in-4 en travers. Belle

468 — Le triomphe de Galathée, ovale petit in-fol. par *Bonnet.* Superbe ép. toute marge.

469 — Vénus sur les eaux, par *Marin Bonnet.* grand in-4. en travers. Superbe ép.

470 — La Main chaude, par *Bonnet*, petit in-fol. Très belle ép.

471 — Donne m'en, ma sœur. — Ah ! voyons, mon frère. 2 petits in-fol. par *Bonnet*, en bistre, marge.

472 — Le goûter champêtre, petit in-fol. par *Jubier*. Superbe ép.

473 — Le départ de campagne, petit in-fol. par *Jubier*. Très belle ép.

474 — Le départ du marché, in-8 par *Legrand*. Très belle ép.

475 — La Bergerie, — la Basse-Cour. 2 p. petit in-fol. par *Bonnet*. Très belles ép.

476 — Le marchand de poisson, petit in-fol. par *Jubier*. Superbe ép., rare.

477 — Les Laveuses, — les Pêcheurs. 2 p. in-fol. par *Jubier*. Très belles ép.

478 — L'arrivée de la fermière, in-fol. par *Jubier*. Très belles ép.

479 — Le Silence de Vénus, petit in-fol. par *Bonnet*. Très belle ép. Collection Mulbacher.

480 **Janinet**. Trait extraordinaire de courage de Catherine Vassent, âgée de 20 ans, in-4. Superbe ép.

481 — La jeune Vestale, ovale in-4, d'après *Le Barbier*. Belle ép.

482 — L'aimable paysanne, d'après *Saint-Quentin*. Très belle ép., avant toute lettre, grand in-4, rare.

483 — Le baiser de l'amour. — Le baiser de l'amitié, 2 p. in-fol., d'après *Doublet*. Superbes ép.

484 — Sommeil de Vénus. — Le réveil, deux petites pièces ovales, in-8, en travers. Superbes ép., rares.

485 — Le sommeil d'Ariane, d'après *Charlier*. Superbe ép., d'un sujet gracieux, ovale in-fol., marge.

486 — L'Amour rendant hommage à sa mère; il lui présente une rose, d'après *Boucher*. Superbe ép., pièce ovale, in-fol., montée en dessin. Collection Roth.

487 — Vénus réveillée par le souffle de Zéphir, ovale, in-fol., d'après *Charlier*. Superbe ép , avant toute lettre, montée en dessin. Collection Roth.

488 — Vénus désarmant l'Amour, ovale d'après *Charlier*, in-fol. Superbe ép., avant toute lettre, montée en dessin. Collection Roth.

489 — La même avec la lettre. Superbe ép. Collection Mulbacher.

490 — Les trois Grâces, d'après *Pellegrini*. Jolie pièce gracieuse, gravée en couleur. Superbe ép., in-fol. 1ᵉʳ état avant les guirlandes de roses et avant la lettre.

491 — La même. Très belle ép., avec les guirlandes de roses.

492 — La toilette de Vénus, in-fol., en couleur, d'après *Boucher* ; des amours ornent de perles sa chevelure. Superbe ép., marge.

4

493 — D'après *Wille* fils. Le repas des moissonneurs, belle composition, gravée en couleur. Belle ép., grand in-fol., sans marge.

494 — La noce de village, d'après *Wille* fils, belle composition, grand in-fol., sans marge.

495 **Jazet.** La promenade du Jardin Turc, d'après *J.-J. de Bz.* Pièce rare en couleur, très curieuse pour les costumes et physionomies de l'époque. Très belle ép., grand in-fol.

496 **Jouillain** (d'après). Jeune femme couchée sur un lit. Sanguine, in-fol., par *De Frenne.* Très belle ép., toute marge.

497 **Kauffmann** (d'après Angelica). The desire satissfied, par *Roze Lenoir.* — The growing desire, par *De la rue de l'Epinay.* 2 p. ovales, grand in-4, en travers, belles ép., toute marge.

498 — Ludit. amabiliter, ovale in-fol. Sanguine, par *Ryland.* Superbe ép,

499 **Koch** ex. La Colombe bien aimée. — L'enfant chéri, 2 p. in-4, en bistre. Très belles.

500 **Lagrenée** (d'après). Collection d'académies de femmes, in-fol., sanguine, par *Bonnet.* — La première figure est tirée du cabinet de S. A. Mme la princesse Daschow, dame d'honneur de S. M. I. de toutes les Russies, 17 p. Superbes ép., très rares à trouver réunies. Collection Bonomet de Vedreuil.

501 **Landelle** (chez). Le modelle, petit in-fol. Très belle ép., marge.

502 **Lavreince** (d'après). Bois d'amour. — Bosquet d'amour, 2 p. ovales, in-8. Très belles.

503 — Ah laisse-moi donc voir ! in-4, par *Janinet*. *150 Lacroix*
Superbe ép., marge du cuivre. Avant-dernier
état (E. B. 2).

504 — Le Serin chéri, par *Denargle* (Legrand), *100 Mayer*
in-4. Superbe ép., marge du cuivre. Jolis costumes (E. B. 59). *recolorié*

505 — Jamais d'accord, par *Dnargle* (Legrand), *155 Mayer*
in-4. Deux dames : l'une tient un chat, l'autre
tient son chien ; charmante composition.
Superbe ép., marge du cuivre (E. B. 32).

506 — La même composition par *Mixelle*, avec le *121 Mayer*
titre la petite guerre. Superbe ép., rare.

507 — Ha ? Le joli petit chien, par *Janinet*, ravis- *270 Mayer*
sante composition, in-4. Superbe ép., marge
du cuivre (E. B. 27).

508 — Si tu voulais.....; in-4. Très belle ép. (E. B. *51 Gosselin*
8, attribué).

509 — Pauvre minet, que ne suis-je à ta place, *75 Girard*
grand in-4, par *Janinet* (E. B. 47). *coloriée*

510 — Le Printemps (E. B. 40). — L'Été, 2 p. ovales, *31 Tinardon*
in-4. Belles ép., remargées.

511 — L'Automne, ovale, in-4. Très belle ép., *27 Girard*
marge (E. B. 7).

512 — L'Automne, non terminé, marge. — L'Hiver *39 Pauline*
remargé, 2 p. Collection Mulbacher.

513 — On y va deux. — Il n'est plus temps par *39 Malinet*
Benassi. 2 p. in-4, en bistre, très belles et très
rares.

514 — Le déjeuner anglais, in-fol. Superbe ép., *81 Vig*
sans marge, remargée (E. B. 17).

515 — Le retour à la vertu, petit in-fol. Superbe
ép., grande marge. Très rare (E. B. 55). Collection du baron de la Villestreux.

516 — Nina, par *Colinet* (c'est Mme Dugazon).
Superbe ép., petit in-fol., en bistre, avant les
marges du cuivre nettoyées (E. B. 41).

517 — Nina, par *Colinet*, petit in-fol., en couleur
(c'est Mme Dugazon). Très belle ép.

518 — Valmont and Emilie, ovale, in-fol., lettre
grise, par *Romain Girard*. Très belle ép., toute
marge. Collection Leblond, 1er état (E. B. 62).

519 — Valmont and présidante de Tourvel, ovale,
in-fol., par *Romain Girard*. Très belle ép.,
toute marge. Collection Leblond (E. B. 63).

520 — Mistriss Merteuil et Miss Cecile Volange,
ovale, in-fol., en bistre. Très belle ép., remargée (E. B. 39). Ep. avant les raies pour former
les angles.

521 — La même, avec la lettre en couleur. Belle
ép.

522 — Le repentir tardif, in-fol. Très belle ép.,
sans marge (E. B. 52).

523 — La sentinelle en défaut, in-fol., par *Darcis*.
Superbe ép., en bistre, avant la lettre, 1er état
(E. B. 58).

524 — La sentinelle en défaut. — L'accident im-
prévu. 2 p., in-fol., en couleur, par *Darcis*.
Superbes ép., avant-dernier état (E. B. 1).

525 — La comparaison, gracieuse composition,
in-fol., par *Janinet*. Très belle ép., marge (E.
B. 12).

526 — Les deux jeux, in-fol., en travers par *Egai-ram* (Mariage), en rouge, rarissime.

527 — Le bosquet d'amour ou les trois sœurs au Parc de Saint-Cloud. Très belle ép., petit in-fol., en travers, sans marge, remargé (E. B. 11).

528 — Les grâces parisiennes au bois de Vincennes, petit in-fol., par *Chapuy*. Très belle ép. (E. B. 50).

529 — Le lever des ouvrières en modes, in-fol., au burin. Copie en bistre, remargée.

530 — Les apprêts du ballet, in-fol. (c'est l'ancien foyer de l'Opéra au Palais-Royal). Très belle ép., toute marge.

531 **Le Beau**. Convention de mariage d'un vieux intéressé avec une fausse modeste, à qui il demande une grosse dot, in-4, colorié, toute marge. Superbe.

532 **Le Clerc** (d'après). Le beau rosier. — La tulipe cassée, 2 p., en rond, in-4· Superbes ép., marge.

533 **Le Cœur** (chez). L'Innocente. — Ne vous y fiez pas, 2 p., in-8, ovales. — Jeunes filles avec chat et chien.

534 — Une promesse ?... Ah ! laissez donc. — Néant à la requête. 2 p., petit in-fol., en bistre. Belles ép.

535 — La vieillesse d'Annette et Lubin, d'après *Swébach Desfontaines*, in-fol., en couleur. Superbe ép. Collection Mulbacher.

536 **Le Grand** (L.). Rallet des Muses, allégorie pour les plaisirs du roi, rond en rouge d'après *Depalmeus*. Très belle ép. in-4. Collection Laberaudière.

537 **Le Grand** (Aug.). Rosaida, ovale, in-4, en bistre. Superbe ép., marge.

588 **Le Grand** (P.-F.). The security. — Apprehension, 2 p., grand in-8, en bistre. Superbe ép., marge.

589 **Le Noir**. Avis à la jeunesse : Deux joueurs et un conseilleur qui désigne avec ses doigts, grand in-fol., en couleur, marge.

540 **Le Prince** (d'après). Vieille femme russe lisant, sanguine, petit in-fol., par *Demarteau*. Superbe ép., marge.

541 — Trois baigneuses. — Les œufs cassés. 2 p., petit in-fol., en bistre. Belles ép.

542 **Levachez** fils. La danse des chiens, d'après *Carle Vernet*. Belle composition, grand in-fol. Superbe ép. Collection Mulbacher.

543 **Levilly**. Vénus, l'Amour et les trois Grâces, petit rond. Superbe ép., toute marge, rare.

544 — Ce qui vous plaira : Jolie femme assise dans un jardin, petit in-fol., en bistre. Très belle ép. Collection Mulbacher.

545 — L'enlèvement. — L'abandon, 2 p. grand in-4. Très belles ép. Collection Mulbacher.

546 — L'instant favorable. — L'heureux présage, grand in-4. Très belles ép. Collection Mulbacher.

547 **Mallet**. La rayaudeuse, petit in-fol., d'après *Briche*.

548 **Mallet** (d'après). Le petit grand sultan, rond, petit in-4, par *Benoist*, en bistre. Superbe.

549 — Le déshabillé, petit in-fol. Très belle ép., sans marge.

550 **Morin**. La toilette. — La lettre. Jolie femme, coiffée d'un chapeau à plumes tricolores, 2 p., in-4. Très belles ép.

551 — The Welcome Necos, petit in-fol., d'après *Le Prince*. Superbe ép.

552 — The pleasures of solitude, d'après *Le Prince*, petit in-fol. Très belle ép. Collection Mulbacher.

553 — L'Espoir d'un heureux jour. — Les revers de la fortune, 2 p. petit in-fol., d'après *Bounieu*. Superbes.

554 — La petite laitière, coupée à l'ovale, petit in-fol.

555 — 1778. The charmes of the morning (Les charmes du matin). Petit in-fol., ovale avec encadrement en or, magnifique ép. collée.

556 — The Pleasures of education (les plaisirs de l'éducation). Jolie femme faisant tenir son chien debout. Petit in-fol., ovale, avec encadrement en or. Magnifique ép.

557 — Provoking fidelity (Provoquant la fidélité), d'après *Parelle*. Petit in-fol., ovale, avec encadrement en or. Magnifique ép,

558 — Jeune dame prenant son café. Petit in-fol.,
avec encadrement en or, monté en dessin.
Très belle.

559 **Mixelle**. Candaule, roi de Lydie, in-4. Superbe ép.

560 — Le signal du bonheur, ovale in-4, d'après
Desrais. Superbe.

561 — L'heureuse rencontre. — Le bouquet dé-
chiré. 2 p. in-4. Très belles ép. toute marge.

562 — Le roman, petit in-fol. d'après *Garneret*.
Belle ép. Très rare.

563 — Le matin, femme à sa toilette, petit in-fol.
d'après *Garneret*. Très belle ép., très rare.

564 — Rosine, jeune moissonneuse en pied, petit
in-fol. Marge. Très belle ép.

565 **Monnet** (d'après). Le larcin. L'amour est de
tout âge. 2 p. ovales équarris par *Robillac*, in-4,
Très belles ép.

566 **Monsiau** (d'après). Et l'azard donc, ovale
équarri, petit in-fol. en travers, par *Pallière*.
Très belle ép., marge.

567 **Morelle** (d'après). Le Sommeil interrompu,
ovale in-fol. par *Darcis*. Superbe ép., marge.

568 **Morret**. L'oiseau de Lubin, grand in-8 en
couleur. Collection Mulbacher.

569 — Le Cloître. — Le Couvent. 2 p. in-fol. d'ap.
Hubert Robert. Très belles ép., remargées,
rares. Collection Mulbacher.

570 — Café des Patriotes, gravé en couleur, d'après *Swebach des Fontaines*. Grande pièce curieuse pour les costumes. Rare, grand in-fol. Superbe ép. Collection Behague. Les trois grenadiers ont les bonnets à poils.

571 **Mouchet** (d'après). Le larcin d'amour, par *Prot*. — La ruse d'amour, par *Darcis*. 2 p. grand in-fol., marge.

572 — Les Chagrins de l'enfance, grand in-fol. par *Le Cœur*. L'oiseau est échappé de sa cage. Très belle ép.

573 **Parizeau**. Sacrifice aux Grâces, charmante composition d'un grand nombre d'Amours, en bistre. Superbe ép., grand in-4 en travers, petite marge.

574 **Pierre** (d'après). Tête de femme dirigée à gauche, grandeur naturelle, fac-simile sanguine par *Lucien*. Collection Roth.

575 **Queverdo** (d'après). La belle jambe de Lisette, petit in-fol. colorié.

576 **Ramberg**. Inconstance, enfants et papillons. — Fidélité, enfants et chiens au trait sur la même feuille. — Les mêmes imp. séparément et coloriés. 3 p. Collection de Corneilhan.

577 — Marché d'esclaves, grand in-fol. colorié imitant l'aquarelle. Collection de Corneilhan.

578 **Rammont** del. Le Marché d'esclaves, même composition en contre-partie, l'âne couché est à droite, petit in-fol. en bistre. Superbe ép., marge.

579 **Regnault**. Dors, Dors... in-fol. en bistre.
Très belle ép.

580 **Rowlandson**. Orgie, composée de sept
figures in-fol. Superbe ép. sans marge,
remargé.

581 **Rowlandson** (d'après). Waux-Hall, colorié.
Très-grand in-fol. par *R. Pollard*. Superbe ép.
très rare.

   Charmante composition de jolies femmes et de types
grotesques, costumes de l'époque, physionomies des anglais
écoutant la chanteuse sur le balcon de l'orchestre.

582 **Saint-Aubin** (d'après Aug. de). L'heureux
ménage, petit in-fol. par *Sergent* et *Gautier*.
Belle ép.

583 — La sollicitude maternelle, petit in-fol. avant
toute lettre.

584 — La même avec la lettre, par *Sergent* et *Phi-
lipaux*. Superbe ép., toute marge.

585 — L'heureuse mère, petit in-fol. par *Sergent*
et *Gautier*. Très belle ép.

586 **Schall** (d'après). Les désirs de l'Amour,
Les plaisirs de l'Hymen. 2 p. grand in-fol. en
bistre. Très belles ép.

587 — Les Cerises, grand in-fol. par *Augustin-
Legrand*. Très belle ép. Collection Mulbacher.

588 **Sergent**. Le baquet de Mesmer, scène
curieuse de magnétisme. Pièce ronde, sans
marge, remargée, très belle ép.

589 — 1783. The Day's folly, rond in-4, en couleur.
Le malade, rendu léger par un remède de gaz,
s'envole par la fenêtre. Superbe ép.

590 — The first come best served (le premier venu est le mieux servi). — Te place to the first occupier (la place au premier occupant). 2 p. ovales grand in-4, en travers en bistre. Magnifiques ép. d'après *Aug. de Saint-Aubin*, marge vierge.

591 — Le Songe d'amour, in-4 en travers, en bistre. Collection Mulbacher, sans marge, remargé. Très belle ép., très rare.

592 — Il est trop tard. Scène villageoise dans une grange ; les parents surprennent les amants. in-fol. Superbe ép.

593 **Simon** (P). Tom Jones : L'entrevue. — Le Philosophe découvert. 2 p. d'après *Downman*, grand in-fol. Superbes ép. Collection Behague.

594 **Simpson**. L'Ambigu (d'après *Rowley*), in-4. Superbe ép., petite marge.

595 **Smith** (J. R.). Narcissa. Jolie femme coiffée d'un chapeau à plume, elle se mire, petit in-fol. en bistre. Superbe ép., toute marge.

596 **Stubbs** (Townly) 1783. Savoir vivre Sans six sous. Joli costume, sanguine in-4. Superbe ép. marge, rare.

597 **Tomkins**. Pendant que la mère s'habille, on montre à lire au petit garçon. Ovale petit in-fol. en bistre. Superbe ép., marge.

598 **Touvenin**. Autant en emporte le vent, grand in-fol. Très belle ép.

599 **Touzé** (d'après). La présidente Tourvel, ovale in-fol. par *Romain Girard*. Très belle ép., toute marge.

600 **Tresca**. Danaé, grand in-fol. d'après *Paul Veronese*. Superbe ép., avant la lettre.

601 **Trinquesse** (d'après). Jeune femme lisant, sanguine. — Tête de jeune fille, fac-similé crayon noir rehaussé de blanc d'après *Vanloo*. 2 p.

602 **Vangelisty**. (Les Cerises). Jeune femme avec des roses dans ses cheveux, tient des cerises, petit ovale. Magnifique ép., très grande marge.

603 **Van Gorp** (d'après). La cosa rara. Ovale petit in-4, par *Armano*. Superbe ép. Collection Mulbacher.

604 — Le déjeuner de Fanfan, ép. in-fol. en couleur par *Malles*. Avant toute lettre, marge.

605 — La surprise. — La ruse. 2 p. in-fol. par *Honoré*. Superbes ép. Collection Behague.

606 **Vanloo** (d'après). Le couché à l'italienne, petit in-fol. Sanguine, par I... (*Isabey?*) Superbe ép. marge.

607 **Vasari** (d'après). Vénus et les Grâces, par *Lorenzi*. — Bacchanale, par *Gregori*. 2 p. in-fol. Très belles ép., toute marge.

608 **Vernet** (d'après *Carle*). Oh ! c'est bien ça. grand in-fol. Superbe ép. 1er état avant le titre changé, marge, avec déposé et l'adresse.

609 — Oh ! c'est bien ça, grand in-fol. Superbe ép. 1er état avant le titre changé et avant déposé à la Bibliothèque — et l'adresse chez Aubert et Boissel, marge.

610 **Villeneuve** (chez). L'aristocrate. — Maudite Révolution. — La démocrate — Ah ! l'bon décret. 2 p. ovale in-8. Magnifiques ép.. toute marge, très rares. Collection Dubois.

611 **Ward** (d'après). The lovely Brunette, ovale in-4, par *Wiliams*. Superbe ép., toute marge.

612 **Watteau**. Le rendez-vous comique — Les comédiens comiques. 2 jolies pièces in-4, par *Janinet*. Superbes ép.

613 **Watteau** de Lille. L'attente, par *Jorel*, joli costume. Ovale in-fol. Superbe ép. Collection Mulbacher.

614 **Westal** (d'après). Que la maturité est agréable, in-4, par *Perrot*. Superbe ép., toute marge.

615 **Wille** fils (D'après). 3e cahier de petites modes chez la veuve Chereau, 6 p. in-8 en rouge, rares. Superbes.

616 — Le Miroir consulté, ovale in-fol. Superbe ép., toute marge.

617 **Zatta** (Chez). Amours des Dieux. Mercure et Vénus. — Vénus et Cupidon. — Mars et Vénus. — Hercule et Vénus. 4 p. in-4, en bistre. Superbes ép., toute marge.

618 **Pièces en couleur**. Un Duel après le bal, grand in-fol. lithog. par *Sirouy*.

619 — Cléopâtre, lady Campbell, l'amour désarmé par les Graces. Il est trop tôt, il est trop tard, le mariage. le Fleuve scamandre, etc. 11 p.

PORTRAITS PAR GRAVEURS

EN COULEUR

620 **Agar**, Sophia Born countesse Zamoyski, princesse Czartoryski, in-fol. d'après *Isabey*. Très belle ép., rare.

621 **Alix**, Jean Sylvain Bailly d'après *Garneray*, ovale petit in-fol. Très belle ép.

622 — Le général Berthier, in-fol. d'après *Le Gros*. Très belle ép., marge.

623 — Nicolas Boileau Despreaux, ovale petit in-fol. d'après *Rigault*. Très belle ép., marge.

624 — Marie Anne Charlotte Corday, ovale petit in-fol. Très belle ép.

625 — Adam Ph. Custine, général de l'armée du Rhin, ovale in-4. Superbe ép., petite marge.

626 — René Descartes, ovale petit in-fol. Très belle ép.

627 — Michel Lepelletier d'après *Garneray*, ovale petit in-fol. Superbe ép.

628 — Mably, ovale petit in-fol. Très belle ép.

629 — Honoré Gabriel Mirabeau, d'après nature, ovale petit in-fol. Belle ép.

630 — Pie VII, souverain pontife, d'après *Vicar*, ovale équarri, in-fol. Très belle ép.

631 — Arouet de Voltaire, d'après *Garneray*, petit in-fol. Très belle ép., rare.

632 **Allais**, 1791 (Ang. Briceau, f°). Mirabeau, ovale en couleur, petit in-fol. Très belle ép.

633 **Anonyme.** Portrait de femme à mi-corps, les bras croisés, ovale petit in-4 avant toute lettre, remarqué.

634 **Auvray.** Caroline de Lichtfield, rond in-fol. Superbe ép. Collection Behague.

635 **Bartolozzi.** Signora Allegranti, ovale in-8 d'après *R. Cosway*. Superbe ép.

636 — Lady Catherine Beauclerk, ovale petit in-fol. sanguine. Belle ép.

637 — Maria Cosway assise à terre dans un jardin, in-4 en bistre. Très belle ép.

638 — Marie Christine, archiduchesse d'Autriche, gouvernante des Pays-Bas, sœur de Marie Antoinette, grand in-fol. d'après *Roslin*. Sup. ép. en bistre, avant la lettre avec marge, très rare. Collection Laberaudière.

639 — La même avec la lettre. Superbe ép. grande marge.

640 — Miss Price, d'après *Lely* in-8. Superbe ép. marge.

641 — Mme Robinson, célèbre lettrice, maîtresse du prince Régent, in-8 en bistre, d'après *Violet*. Superbe ép. avant la lettre, toute marge.

642 **Bonnet.** Mme la comtesse Du Barry, grandeur naturelle, d'après *Drouais*, fac-similé de dessin sanguine, grand in-fol. marge.

643 **Bonnet.** Mme de **Pompadour**, buste grandeur naturelle. Superbe fac-similé de pastel par l'impression en couleur, monté en dessin.

644 — Portrait de la fille de F. Boucher, fac-similé de pastel, grandeur naturelle. Superbe ép. marge, très rare.

PORTRAITS EN COULEUR

645 Bourgeois de la Richardière. Sophie
Arnould, ovale in-8, d'après *La Tour*. Magnifique ép. toute marge. Très rare de cette condition.

646 Boutelou. Caroline, reine de Naples, ovale
in-4 en bistre, la figure teintée. Très belle ép.,
un peu rognée.

647 Carmontelle (d'après de). Dame faisant de la
tapisserie, in-4, par *Demarteau* (336). Superbe
ép., marge. Collection Roth.

648 Cernel (Mme de) 1789. Pierre-André de Suffren
de Saint-Tropez, ovale in-4, d'après *Gérard*.
Superbe ép.

649 Chaponnier. Dazincourt. Théâtre-Français,
rôle de Dubois, en pied, petit in-fol. Très
belle ép., marge. Collection Behague.

650 Cochin (d'après) 1746. (Mme Geoffrin), grand
in-4 par *Demarteau*. Superbe ép., marge. Collection Leblond.

651 Colinet. Dame assise au pied d'un arbre où
est écrit Caroline (c'est Mme la comtesse Amélie
de Boufflers), au bas ses armes et la dédicace.
Superbe ép. in-fol., marge, rare.

652 Collier. Charlotte d'Angleterre, ovale grand
in-4. Superbe et très rare ép. avant la bordure
et la lettre, la figure retouchée à l'aquarelle
comme miniature.

653 Condé. Comtesse de Varese, ovale in-8 en
bistre. Superbe ép. toute marge.

654 **Coutellier**. Mlle Golombe-l'aînée, comédie italienne, ovale in-4. Superbe ép., marge, petit in-fol.

655 — Mlle Contat. Comédie-Française, rôle de Suzanne, Mariage de Figaro, ovale équarri in-4. Magnifique ép., marge petit in-fol.

656 — Mme Dugazon. Comédie italienne, ovale in-4. Très belle ép., marge petit in-fol.

657 — Mme Julien. Comédie italienne, ovale in-4. Superbe ép., marge, petit in-fol.

658 — Mlle Maillard, de l'Académie royale de musique, ovale équarri, grand in-8. Magnifique ép., marge, petit in-fol.

659 — Joseph Menier. Comédie italienne, ovale in-4. Superbe ép., marge, très grand in-4.

660 — Michu. Comédie italienne, ovale in-4. Superbe ép., marge, petit in-fol.

661 — Mlle Olivier. Comédie-Française, rôle de Chérubin, Mariage de Figaro, ovale équarri in-4. Magnifique ép., marge, petit in-fol.

662 **Dagoty** (Gautier), père. Charles Emmanuel, roi de Sardaigne, petit in-fol. Superbe ép., marge.

663 — Louis XV, petit in-fol. Très belle ép.

664 — Marie Thérèse, reine de Hongrie et de Bohême, petit in-fol. Très belle ép., marge.

665 **Debucourt** 1807. Alexandre Ier en pied, en Russie, au fond les troupes en revue, in-fol. Superbe ép.

5

15   666 — Louis XVIII à mi-corps d'après *Isabey*.   *8*
Superbe ép. en bistre, lettre grise, in-fol.
Rare, marge.

Greffe 16   667 — Napoléon Iᵉʳ, en pied, in-fol. Superbe ép.,   *550*
marge.

Texier 16   668 **Demarteau.** Carle Vanloo, peintre, beau portrait en manière de crayon sanguine. Superbe
ép., grand in-fol., marge.

Vig. 11   669 — Le paysan de Gandeleu. (L'abbé Pommier),   *21*
en pied, assis, petit in-fol. d'après *Cochin* (262).
Superbe ép., marge. Collection Behague.

Mayer 105   670 **Descourtis.** Wilhelmine de Prusse, princesse   *16*
héréditaire d'Orange et de Nassau, ovale in-fol.
Superbe ép., marge.

Girard 52   671 **Dickinson.** Comtesse de Sefton, en pied,   *7*
d'après *Cosway*, petit in-fol. Superbe ép.

Roblin 9   672 **François.** Marguerite-Claude, Denis, née de
Foissy, profil in-4 sanguine d'après *Cochin*.
Très belle ép., toute marge.

3 50   673 **Frye** (d'après). Georges III — Charlotte, roi et
reine de la Grande-Bretagne, petit in-fol. 2 p.
Très belles ép. coloriées.

2 9   674 **Janinet.** Mˡˡᵉ Colombe l'aînée. Comédie ita-   *5*
lienne, ovale in-8, montée en dessin. Superbe.

Vig. 21   675 — Mᵐᵉ Dugazon, rôle de Nina, en pied, d'après   *4*
Dutertre, in-8. Très belle ép.

Vig. 51   676 — Mˡˡᵉ Guimard dans le ballet du Navigateur,   *650*
in-8 en pied. Très belle ép. toute marge. —
Maison de Mˡˡᵉ Guimard, rond in-8 remargé. —
Attitude de la danse exécutée à l'Opéra par
Mˡˡᵉ Guimard, dessin, aquarelle, petit in-fᵒ, 3 p.   5

677 — Laruette. Costume de M. Tue, en pied, in-8.
— Le Kain, en buste, d'après La Tour, ovale
in-8. 2 p. Superbes.

678 — Mlle Maillard dans Tarare, rôle d'Astasie —
rôle d'Armide. 2 p. en pied. Superbes.

679 — Ninon de Lenclos, portrait dans un ovale,
petit in-fol. d'après *Mignard*. Superbe ép.

680 — Mlle du Thé, assise à mi-corps, ovale petit
in-fol. d'après *Le Moine*. Superbe ép. avant
toute lettre, grande marge. Très rare de cette
condition, non coupée à l'ovale.

681 **Kauffman** (Angelica). Son portrait en Junon,
in-4, eau-forte originale. Belle ép., marge.

682 **Kauffman** (d'après Aug.). La duchesse de
Richemont, ovale in-fol. sanguine par *Ryland*.
Superbe ép , petite marge.

683 **Laurie.** Charlotte, reine de la Grande-Bretagne, d'après *Zoffany*, petit in-fol., colorié.
Très belle ép.

684 **Monnet** (d'après). Mlle Des Garcins — Mlle Re-
nault d'Avrigny. 2 p. ovales in-4 en bistre par
Beljambe. Superbes ép. avant la lettre. Très
rares.

685 **Monsaldy.** Mme Dugazon, d'après *Isabey*,
ovale in-8. Superbe ép. toute marge.

686 — Marie Louise, impératrice, d'après *Isabey*,
ovale in-8. Superbe ép. toute marge.

687 **Newton.** La duchesse de Devonshire, in-4 en
travers, à mi-corps, assise. Très belle ép. rare.

688 **Petit.** Adrienne Le Couvreur, rôle de Corné-
lie, ovale sanguine, in-fol. d'après *Coypel.*
Superbe ép., marge.

689 **Pfeiffer** (C.). Princesse Liechtenstein, née
comtesse de Manderscheid Blankenkeim, ovale
in-4 en bistre. Très belle ép., petite marge.

690 — Comtesse de Schoenfeld, ovale in-4 d'après
Grassi. Très belle ép., petite marge.

691 **Pierre** (d'après). Mlle la Chantrie, de l'Opéra,
tête grandeur naturelle, sanguine par *Gillberg.*
Superbe ép. toute marge.

692 **Ploos van Amstel.** Van Goyen de profil, fac-
simile aux trois crayons. Superbe ép. in-4.
Collection Soleil.

693 **Quenedey.** Portrait d'un jeune homme, petit
rond avant toute lettre, marge.

694 **Reynolds** (d'après). Georgina, lady vicom-
tesse Spencer et sa fille miss Georgina Spencer,
petit in-fol., colorié.

695 **Reynolds** (S. W.). Mme Grassini dans Zaïre,
grand in-fol. en couleur d'après *Mme Lebrun.*
Belle ép. toute marge.

696 **Romney.** Mrs Jordan in the caracter of the
Country Girl, in-fol. par Ogborne, charmant
portrait à mi-corps. Superbe ép. toute marge.

697 **Sailliard.** Helena Forman, en pied, d'après
Van Dyck, grand in-fol. en couleur, d'une
grande fraîcheur de ton. Épreuve superbe,
marge, collection du baron de la Villestreux.

698 **Saint-Aubin** (d'après Gabriel de). Le Rêve : M. de Voltaire, éclairé par le génie de la poésie, considère les médaillons de Jeanne d'Arc, Charles VII et autres, in-fol. sanguine par *Ransonnette*. Rare.

699 — Odalisque — Sultane validé. (Portrait de Mme de Saint-Aubin), 2 p. ovales équarris en bistre. Superbes ép.

700 — L'hommage réciproque : M. Aug. de Saint-Aubin, vient de sculpter le buste de sa femme — Mme de Saint-Aubin vient de dessiner le portrait de son mari. 2 p. in-4 en bistre, les chairs teintées, gravés par *Gautier*. Superbes épreuves.

701 **Stump.** Miss Mellon, petit in-fol. Superbe ép.

702 **Vangelisty.** P. A. Ville fils, rond équarri, d'après lui-même. Superbe ép. en bistre, petit in-4, grande marge, très rare.

703 **Ward.** (W.). M. Johnstone as sir Callaghan in Love Ala Mode, petit in-fol. Superbe ép.

PORTRAITS PAR NOMS

EN COULEUR

704 **Arnould** (Mlle), rôle d'Iphigénie en Aulide, ovale in-8. Superbe ép. grande marge.

705 **Assas** (Louis d'), capitaine au régiment d'Auvergne, ovale in-4, sans marge. Superbe.

706 **Bertin** (Mlle), modiste de Marie Antoinette ovale in-8, avant toute lettre. Superbe ep. rarissimé.

707 **Devonshire** (Duchesse de). Médaillon ovale représentant un camée, avant toute lettre, in-8. Superbe, toute marge.

708 **Le Brun** (Mme), assise peignant, grand in-4. Superbe ép. en bistre, petite marge.

709 **Le Peletier de St-Fargeau,** représenté mort, assassiné. Ovale grand in-8 en travers, en bistre. Très rare. Superbe ép., petite marge.

710 **Louis Seize** étant jeune. D'après nature par *Libbowenik*. Petit in-fol., en rouge. Belle ép., toute marge.

711 — In-fol., par *Bartolozzi*, d'après *Haven*. Très belle ép. marge.

712 **Marie Antoinette.** La Reine présente le Dauphin à la France, Ovale petit in-fol., d'après *Dardel* par *Legrand*. Superbe ép., petite marge.

713 — Konigin von Frankreich, profil à gauche. Ovale in-8 en bistre par Berger. Très belle ép. Collection Laberaudière.

714 — Dauphine, profil à gauche. D'après la médaille de Vassé par *Demarteau*. Rond sans marge, remargé. Très rare.

715 — Avec grande coiffure ornée de fleurs et de plumes, par *Le Beau*, chez Isabey, in-4. Très belle ép. coloriée du temps. Collection Laberaudière.

716 — En grand costume royal, riche coiffure avec plumes et aigrette de diamants, à mi-corps. Ovale petit in-fol., sans marge, remargé. Rare.

717 — In-fol., par Curtis, d'après *Dufroe*. Superbe ép. marge.

718 — The amiable family. La Reine Marie Antoinette, Louis XVI et leurs Enfants, Madame Élisabeth et la Duchesse de Polignac, assistent à une représentation de l'Opéra, par *Tennob*, (Bonnet) d'après *Hambert*. Superbe ép. in-4. en travers, grande marge. Collection Laberaudière. Pièce publiée à Londres, et très rare.

719 — **Bol Sein,** de la laiterie de Trianon, Vase fabriqué à Sèvres, pour la laiterie de Rambouillet, appartenant à la Reine et qui depuis fut adopté à Trianon. Photochrome in-4. Magnifique ép.

720 **Louis XVII.** Ovale in-4. Superbe ép. avant toute lettre.

721 **Louis XVIII.** Monsieur, Frère du Roy, in-4. par *Sergent*. D'après *Duplessis*.

722 **Marie Josephe** Louise de Savoie, Madame et les Dames d'honneur, en pied, en grand costume. Petit in-4, fac-simile de dessin au bistre, chez *Bonnet*, Rarissime. Collection Laberaudière.

723 **Napoléon I**, par *Roger*, *Morret* et autres, in-4. et in-fol. 5 différents. Belles ép., marge.

724 **Vergennes.** (Comte de). Médaillon entouré de figures allégoriques, ovale équarri in-fol., en travers en bistre. Très belle ép. rare.

725 **Vestris**, célèbre danseur, faisant une pirouette, rond équarri in-fol., en bistre. Très belle ép. Très rare.

DESSINS

726 **Album**. Collection de vers et dessins dédiés à Mme A. M. Hogguer, par Isaak Schmidt 1798. — Pluck. — Plonski. — Vannier. — Rode. — Vinkeles. — Moulinneuf. — Vers autographes de Talma. — Louise Contat. — Dugazon. — Le Brun et autres. 55 dessins rel. en v. rouge filets, tranche dorée, double étui.

727 ANONYME. Buveurs, quatre figures, d'après *Charlet*, à la sépia.

728 — Jeune femme prête à se baigner, les pieds dans l'eau. In-fol. — La moderne Suzanne lisant une lettre près de l'eau, surprise par deux personnages qui sont des portraits In-fol. 2 dessins crayon noir.

729 — **Portrait** d'un Seigneur en buste, crayon, plume et lavis. Très beau dessin in-8.

730 — Martin Dumont profil, plume et encre de Chine. — Homme de profil, dans un médaillon orné, crayon, 2 p. in-4.

731 — Mme Paul Delaroche, beau tableau à la plume,
signé G. B. grand in-8.

732 — Mme Graffigny profil grandeur naturelle,
crayon noir.

733 — Mme de Grignan. Très beau dessin à la sépia,
in-8. très terminé, marge in-4.

734 — Seb. Rouillard, mine de plomb sur calque,
in-8.

735 — L'avoyer Steiguer, acquarelle et encre de
chine, ovale in-4.

736 — Femme en pied, costume du Directoire,
acquarelle in-4. c'est un portrait.

737 — Les grâces anglaises à Paris en 1815. Belle
acquarelle in-4.

738 — Cartouche pour titre d'un livre de clavecin
orné de figures, plume et bistre. — Autre
croquis crayon, orné d'amours. 2 p. Collect.
Guichardot.

739 — La grasse famille, le père, la mère, la fille,
le fils, et la maigre servante, plume et aquarelle. Beau dessin grotesque in-fol.

740 — Une femme couvre de son corps un prison-
nier à terre, qu'un seigneur veut tuer. Beau
dessin à l'encre de Chine, in-4.

741 — Travaux au champ de Mars pour la Fédé-
ration. — Départ des canons pour Versailles.
2 p. à l'encre de Chine, in-4. Scènes de la Révolution.

742 — Intérieur avec un jeune homme agenouillé devant une femme de condition, composition de cinq figures à l'encre de Chine, in-4. Très beau dessin.

743 **Dessins chinois**. Empereur chinois. — Impératrice en très riches costumes, in-4. — Femme chinoise. — Oiseau. 4 sur moelle de bambou. — Jeune chinoise assise, sur papier, 5 aquarelles, superbe.

744 BAUDET. Portrait du prince de Lamballe aquarelle in-8, d'après le tableau de Versailles grande marge.

745 BERAT. (E.) Madame, vous m'avez plu à verse, et je sens que l'orage est dans mon cœur. Charge à la plume, à l'ami Coupart, in-4.

746 BERICOURT. Fête à l'Amour. — Fête à Bacchus. — Festins de satyres. 3 aquarelles in-fol. avec grand nombre de nymphes. Collect. Flury Hérard.

747 — Cortège avec un char où se trouve la statue de la République couronnant trois bustes, aquarelle in-fol.

748 BLOEMAERT. Le corps du Christ au Tombeau. — Pâtre et paysanne. 2 dessins au crayon noir in-fol.

749 BOILLY. Femme en pied en manteau fourré et un énorme manchon, aquarelle in-4.

750 — Portrait d'homme, crayon noir, petit in-fol.

751 BONNET. Femme se promenant dans un parc, sanguine in-4.

752 BOSIO. Femme en pied, costume du Directoire, à la mine de plomb, in-4.

753 BOUCHER. Tête de jeune fille, crayon rouge et noir, in-4.

754 — Tête de jeune fille fleurant une rose, crayon noir et sanguine, in-4. Signé.

755 — Tête de jeune homme grandeur naturelle, aux trois crayons.

756 — Deux gros Amours tenant le timon du char de Vénus, aux trois crayons, in-fol.

757 — Bouclier soutenu et entouré de six Amours : cible au cœur percé, croquis pierre d'Italie in-fol.

758 — Main de femme pressant le sein. Belle étude aux trois crayons.

759 CALLET. Portrait de Garnier peintre d'histoire, Institut, mine de plomb, grand in-8.

760 CAREME. Scène pour un roman de chevalerie, sépia in-8.

761 — Paysan faisant sauter une femme devant des buveurs, scène en plein air, gouache signée 1780. In-4. très belle.

762 — Le coup de savate au jeu de la main chaude, scène dans le jardin de l'auberge, gouache signée 1780. in-4. Très belle.

763 — Bacchanale, bacchante à terre entourée d'autres et de satyre, croquis à la plume in-4.

764 — Jeune homme assis à terre lisant, à l'encre de Chine, in-4.

765 — Bacchanale de quatre figures, au bistre in-4. Bacchus entouré de fleurs.

766 CARMONTELLE. Portrait de M. Bazin, ovale profil à gauche, au crayon de couleur, très terminé, grand in-8.

767 — Diderot jeune ? profil à gauche ovale, crayon — Ch. de Lameth ? profil à gauche par *Cochin* ou *Moreau*, crayon. 2 p. vente de M. Gigoux.

768 — Marguerite Le Comte ? profil à gauche, crayons de couleur, petit in-fol. au revers eau forte de *Watelet*, d'après *Greuze*, vente de M. Gigoux.

769 — Femme en pied avec manchon, dans un intérieur, pierre d'Italie, petit in-fol.

770 — Jeune fille en pied, assise près d'une table, crayon noir rehaussé de blanc, petit in-fol.

771 — Homme en pied assis, écrivant, petit in-fol. crayon noir rehaussé de blanc.

772 CASANOVA. Cavalier au galop, croquis crayon in-fol. sur papier bleu.

773 CASTIGLIONE. Bergers en marche avec leurs troupeaux, à la plume, teinté d'encre de Chine, grand in-fol. collect. Flury-Hérard.

774 CHARLET. Tête de vieillard, acquarelle.

775 CHAUDET. Un petit vieux veut embrasser une grande jeune fille de basse-cour, sépia in-4.

776 — La Mariée à la sortie de l'église, scène parisienne, sépia terminée petit in-fol.

777 — La fontaine de Jouvence, à gauche trois vieilles, à droite trois rajeunies, sépia petit in-fol.

778 — Jadis, le couple est suivi d'un nègre qui
porte le chien. — Aujourd'hui le couple suivi
d'un chasseur portant l'enfant, le carton à chapeau, etc. 2 sépia terminées, petit in-fol.

779 COCHIN. P. M. Maloet premier médecin de
Mme Victoire, profil à gauche, crayon et encre
de Chine, in-4. vente de M. Gigoux.

780 — Médecin tâtant le poulx à une jeune malade,
croquis à la plume. — Femme assise appuyée
à une table, crayon. 2 dessins in-4.

781 — Médailles pour ordinaire des guerres 1740,
et autre, 2 médaillons, croquis sanguine in-4.

782. CORBERON (marquis de) 1785. Jeune femme
assise remettant sa jarretière, sanguine petit
in-fol.

783 COYPEL. Amour tenant son carquois, volti-
geant, crayons rouge et noir, in-4.

784 DAGOTY (Albane). Femme presque nue
couchée, aquarelle vigoureuse, in-fol.

785 DEBUCOURT. Deux amants dans la campagne
sépia in-4.

786 DELARUE. Sacrifice au dieu Pan, composition
in-fol. à la plume, lavée de bistre.

787 DEMOUSTIER. Tête de Louis XVI, grandeur
naturelle, crayons de couleur.

788 DESRAIS. Charge sur Bonnemain, procureur,
plume teintée d'encre de Chine, petit in-fol.

789 — Polichinel Stridi (Troupe italienne), à l'encre
de Chine, petit in-fol.

790 DE VOSGE (F.). Jupiter et Antiope, superbe dessin à la mine de plomb, très terminé, de la plus grande finesse d'exécution. Au fond, à gauche, scène romaine à l'entrée d'un temple, petit in-fol. Signé.

791 DROUET, 1785. Geneviève-Françoise Drouet, fille de Jacques-Jean Drouet, graveur; née à Paris, le 16 mars 1761, morte le 17 juillet 1783, ovale, petit in-4. Crayon rouge.

792 DUGOURT. L'Amour triomphant, signé *J. D. Dugourt*, 1778, intérieur de couvent. Charmante aquarelle in-fol. — La gravure, manière noire, contre-partie, le fauteuil est à gauche. 2 p. très belles.

793 DUPLESSIS-BERTAUX. Entrée des Français dans Rome, — Fête où l'on voit les chevaux de Venise et autres trophées de la guerre, 2 superbes dessins à l'encre de Chine, petit in-fol.

794 — Artilleurs de la garde (1816) au combat. Très beau dessin à l'encre de Chine, in-fol.

795 — Cavalier revenant de chercher du fourrage, beau dessin, pierre d'Italie, petit in-fol.

796 ECOLE FRANÇAISE. Moissonneurs dans les bleds, croquis à la plume, poché de bistre.

797 — Grand escalier de la Terrasse des Tuileries, — Escalier dans le Jardin du Luxembourg, 2 aquarelles grand in-fol. Superbes, les figures, costumes de l'époque, Collection Behague.

798 ESPERLIN (Joseph), 1857. Sainte Madeleine au désert. Pierre d'Italie mouillée, in-fol. signé et daté.

799 FRAGONARD. Sujets allégoriques, motifs de Plafonds, d'après les maîtres italiens, 2 croquis en bistre.

800 — Figure de femme, pour angle de plafond, in fol. aux trois crayons.

801 — Médaillons, allégories : l'Aurore, le Soleil et autres. 4 dessins sanguine in-4.

802 — Trois Amours en l'air, crayon noir et blanc, in-fol.

803 — Enfant la main sur un Vase, crayon noir et blanc, in-fol.

804 — Deux Amours voltigeants, crayon noir et blanc, in-fol.

805 — Grandes figures allégoriques, une bistre et blanc, les autres au crayon. 3 p. in-fol.

806 — Châtelaine tenant une lettre à la main, un nègre à genoux lui présente une corbeille de fleurs. Superbe aquarelle in-4.

807 GAVARNI. Le facteur, à la plume, pour les *Français peints par eux-mêmes*, in-8.

808 — L'entrée au bal, — le peintre et le modèle, — Scène de carnaval, etc. 4 dessins, aquarelles et crayons, in-4.

809 GENIOLE. Costume de Flamande (1620). Aquarelle in-8. Signée.

810 GÉRARD (F.), Portrait de femme, profil à gauche, aquarelle in-4.

DESSINS

811 GÉRICAULT. Croquis, au crayon, d'un cavalier, petit in-4. Croquis, à la plume, d'un soldat. petit in-fol. 2 p.

812 GIRODET TRIOSON. Satire contre Mlle Lange, actrice du Théâtre-Français, crayon lavé de couleur, grand in-4. — 10

813 GOLTZIUS. Bacchus, — Cérès, 2 beaux dessins sanguine. Ont été passés au carreau pour la gravure. — 12

814 GOYA. Croquis à la plume, étude de sorcières et de démons. 2 p. petit in-4.

815 — Vieille fileuse, Madrid (1819), — le Coupeur d'ongles. 2 dessins à la plume, petit in-4.

816 — Se hace Militar, lutte avec un moine; crayon noir, in-4.

817 GRANVILLE. Patineur tombé sur la glace, — le Bain froid. 2 très petits dessins à la plume. — 6

818 — La causerie des bonnes, très beau dessin à la plume, petit in-4.

819 — Le cuisinier Juste milieu, beau dessin à la plume, petit in-fol.

820 — Une cravate trop empesée, très petit dessin à la plume.

821 — Vie privée des animaux. 3 petits dessins à la plume.

822 — Pierre qui roule n'amassent pas de mousse, à la plume, — chaque oiseau trouve son nid beau. 2 beaux dessins in-8 en travers.

823 — Bon fait voler bas à cause des branches, — *141*
— Quand on a des filles, on est toujours berger. 2 dessins à la plume.

824 — Le savant, scène de la vie privée des animaux, à la plume. *90*

825 — Le phrénologiste, portrait de Philippon, *80* pour *Jérôme Paturot*, au crayon.

826 — La débutante se nommait Artémise, à la plume, lavé d'encre de Chine, grand in-8 pour *Jérôme Paturot*. *151*

827 — Rapport du garde champêtre, à la plume, lavé d'encre de Chine. Superbe, in-4. *Monnier* *80*

828 — Des hommes avec un œil pour tête regardent une belle femme à la fenêtre, à la plume. *146*

829 — Enseigne à la bonne femme (elle est sans tête), à la plume. *27*

830 — Paturot montant l'échelle, à la plume, très grand in-8. *250*

831 — La malade qui a une vision, plume et lavis, in-8. *145*

832 — Les fournisseurs, cordonnier, modiste, etc., à la plume, lavé. *41*

833 — Le champagne, à la plume, lavé, in-8. *35*

834 — Illustration de Gulliver. 10 petits dessins à la plume. *202*

835 — Entre barbiers, l'un rase l'autre, petit dessin à la plume. Collection Em. Martin. *42*

6

151   836 — Allégorie de Diane et Actéon : Coquette
surprise avec sa marchande à la toilette par
un importun, beau dessin à la plume, grand
in-8.

129   837 — Histoire d'un merle blanc, à la plume,
petit in-4. Collection Meaume.

26   838 — Girard de l'Ain, sur son fauteuil de prési-
dent, porté par Prunelle et autre, à la plume.
Collection Meaume.

9   839 — Groupe d'amants et autres croquis au
crayon. 4 p.

46   840 GRAVELOT. Berger agenouillé devant deux
jeunes filles. Charmant dessin in-8 à l'encre
de Chine.

2   841 GREUZE. Tête de jeune fille, grandeur naturelle, sanguine.

5   842 HUET (J.B.). Allégorie. Jeune femme tenant
un sceptre, près d'elle la corne d'abondance,
sanguine in-fol.

47   843 — Cartouche formé avec des armes, très grand
in-8 à l'encre de Chine, signé *J. B. Huet*, 1779.

50   844 — Enlèvement d'Europe, grand in-8, plume
et bistre, signé *J. B. Huet*. 1789.

42   845 — Vénus et l'Amour, 2 sujet différents, grand
in-8, plume et bistre.

100   846 — Dame assise dans son jardin, cousant et
parlant à son chien. Joli dessin à l'encre de
Chine, in-4. Signé *J. B. Huet*, 1780.

847 — Dame avec haute coiffure, assise dans son
intérieur, donnant à boire à son chat dans une
soucoupe. Joli dessin in-4, à l'encre de Chine,
peut faire pendant au précédent. Signé du
même.

848 — Offrande à l'Amour : deux amants offrent
leurs cœurs et deux pigeons à la statue de
l'Amour, des Amours les entourent de fleurs,
charmant dessin à la plume et encre de Chine,
signé *J. B. Huet*, 1782.

849 — Nymphe à genoux offrant deux tourterelles
à la statue de l'Amour, charmant dessin à
l'encre de Chine, relevé d'aquarelle in-4. Sous
verre.

850 — Nymphe entourant de fleur, le terme du
dieu Pan, à l'encre de chine relevé d'aquarelle,
in-4, sous verre.

851 — Scène de bergers : la bergère montre son
oiseau qui s'envole. Joli dessin à la plume,
lavé d'encre de Chine, signé *J..B Huet*, 1780,
in-4 en travers.

852 — Jeune berger agenouillé devant sa bergère,
entourés de leur troupeau. Joli dessin à la
plume, lavé d'encre de Chine, signé de même,
1780, peut servir de pendant au précédent.

853 — Deux canards morts et une étude de tête
de canard. Belle aquarelle, signée *J.-B. Huet*,
1786, petit in-fol.

854 — Paysages : Bergère gardant ses animaux,
— Pêcheur près d'une rivière, avec petit pont
2 dessins à l'encre de Chine, in-fol.

855 — Berger dormant près de la fontaine où s'abreuvent les bestiaux, une jeune bergère lui ôte son chapeau, in-fol. à la pierre noire et encre de Chine.

856 HUGTEMBOURG. Deux chevaux et un homme, à l'encre de Chine, petit in-fol. Cadre boudin noir.

857 HUOT. Iris, c'est de bonne heure avoir l'air à la danse, d'après *Watteau*, aquarelle in-4. Signé 1841.

858 INGRES. Etude de femme nue tenant ses cheveux, trait au crayon. Collection du docteur Martinet, gand in-4.

859 JACQUES (Charles). Petite chapelle devant une église, à une lieue et demie de la forteresse de Mont-Medy, en Lorraine. Petit chef-d'œuvre de gothique, dessin au crayon. Signé 15 octobre 1832, petit in-fol.

860 JAQUOTOT (Vre), 1815. Portrait de Le Sueur, de l'Institut. Magnifique dessin au crayon, très grand in-8.

861 JEAURAT. Psyché nue, armée d'un poignard et d'une lampe, s'approche du lit. Sanguine et crayon blanc, in-fol. Signé.

862 — Femme nue couchée. Crayon noir et blanc, in-fol. Signé.

863 — Femme nue assise à terre; elle tient une coupe. Crayon noir et blanc, in-fol. Signé

864 JOLY, du Vaudeville. Mlle Élomire du Vaudeville, croquis. Costume à la plume, in-8.

865 — Michot, rôle de Buller dans les Deux Frères, comédie. Th. Français, in-8 à l'encre de Chine. Signé.

866 JULIENNE. Éventail : Ville et village — Composition différente, plus de la moitié de l'éventail. 2 aquarelles, esquisses.

867 LAFAGE. Satyre faisant de la musique près du dieu Therme, que des enfants ornent de fleurs. In-4 à l'encre de Chine.

868 LAFFON. Jolie Femme qui se chausse. Jolie aquarelle très finie, petit in-4.

869 LANCRET. Étude de femme et d'homme, ils sont assis et causent. Sanguine rehaussé de blanc, in-fol.

870 LARGILLIÈRE. Portrait d'une jeune dame tenant des fleurs. Crayon noir rehaussé de blanc, petit in-fol.

871 LA TOUR. Portrait d'homme assis, le coude appuyé sur une table. Crayon noir rehaussé de blanc sur papier bleu, in-fol. Collection Desperet.

872 LAVREINCE. Dame écrivant la réponse au baiser. Aquarelle, in-4.

873 — Portrait de femme, profil à droite. Crayon très légèrement teinté de couleur, rond petit in-4.

874 LE BARBIER l'aîné, 1810. Tombeau de Mme L. Ben... 13 février, 23 juillet 1809. Dans une fissure du piédestal, on voit le portrait de la meilleure des femmes. Très beau dessin in-fol. au bistre.

875 LE BRUN (Mme). Mère et ses deux enfants. Rond in-4 en bistre.

876 LEGENISEL. Académies d'actrices. Crayons rouge et noir. 14 dessins in-fol. Collection Soleirol.

877 — Charges d'actrices au crayon noir. In-4, 6 p. Collection Soleirol.

878 LE PRINCE. Un décampement. Croquis à la plume lavé de bistre, petit in-fol. Vente Guichardot.

879 — Paysage avec trois figures près d'une tente avec des tonneaux. Pierre d'Italie mouillée, petit in-fol. Vente Guichardot.

880 — Intérieur russe, la mère nourrice. Petit in-fol. à l'encre de Chine. Vente Guichardot.

881 MALLET. Scènes d'intérieur : La lecture — La musique. 2 charmants dessins au crayon noir avec trois figures, en pendants, in-4. Collection Em. Martin.

882 — Le bain, la mère et ses deux enfants. A la plume, petit in-fol.

883 MARILLIER. Des amants viennent apporter des présents à l'autel de l'Amour. Charmant petit dessin au bistre. Signé.

884 MARTINET. Jeune homme qui offre le jeu du Diable à une jeune fille qui a jeté son dessin à terre, la mère montre la statue. Très belle aquarelle, petit in-fol. A été gravé.

885 MEER de Jonge (J. v. der), 1688. Trois moutons près de troncs d'arbres. Pierre d'Italie, légèrement teinté de couleur. Vente Guichardot. (Signé).

886 MERLE (J. T.). Mlle Aldegonde, rôle de Rosine dans M. Grégoire ou Courte et bonne, Variétés. Jolie aquarelle in-8.

887 MEULEN (Van der). Voitures de gala escortées passent devant une foule de peuple ; au-devant, on voit Diogène qui élève sa lanterne. Petit in-fol. à l'encre de Chine. Vente Guichardot.

888 MIERIS. Les trois Grâces, d'après Carache, in-4. Joli dessin à l'encre de Chine. Très fini.

889 MONNET. Suite de Gouaches pour Télémaque. 23 p. in-4. Collection du prince Michel Galitzin. Très belles.

890 MOREAU le jeune. Jeune femme, costume de l'époque. Crayon de mine de plomb, in-4.

891 — Vision après un combat et un sacrifice, in-8. en travers, à la plume et bistre. Superbe dessin, signé *J. J. M. Moreau le je* 1776.

892 — La Fontaine reçu aux champs Élysées par Ésope, grand in-4 en bistre.

893 MOREAU (d'après). Oui ou Non. Tiré du costume physique et moral. Très beau dessin in-4 à la sepia. Très fini. Il est signé *J. M. Moreau le j^{ne}*.

894 NANTEUIL. Tête d'homme. Sanguine, petit in-4. Vente Desperet.

895 NATTIER (J. M). Portrait de dame de cour. Crayon noir rehaussé de blanc, petit in-fol.

896 NUMA. Colombine et Pierrot ; elle va lui dérober sa bouteille — Pierrot et Colombine : il la surprend lisant ses lettres. Crayon et aquarelle. 2 ovales in-fol. Signés.

897 — Château des fleurs — Parc d'Asnières. 2 dessins in-fol., crayon noir relevé de blanc et de rouge. Signés.

898 — Ouverture du bal — Closerie des Lilas. 2 dessins in-fol. Crayon noir relevé de blanc. Signés.

899 — Opéra : Fin du bal — Le Souper. 2 dessins crayon noir rehaussé de blanc, in-fol. Signés.

900 — Intérieurs de boudoir : Femme qui se met des perles — Pierrot galant vient voir si la dame est prête. 2 dessins in-fol. en travers. Crayon noir rehaussé de blanc. Signés.

901 — Deux Amants se reposant dans la campagne. Aquarelle petit in-fol. en travers.

902 NYMEGEN (Gérard van) 1781. Entrée d'un bois. Bouvier et quatre vaches, à l'encre de Chine, in-4. Sous verre.

903 PAJOU. L'Amour désarmé, à la salle d'Opéra à Versailles. Pierre d'Italie, in-fol. Signée.

904 PERCIER. Trône, décorations intérieures. 3 aquarelles. Fauteuils et décoration au crayon. 5 dessins.

905 PIERACCINI. Léopold II, grand-duc de Toscane.

906 RIDDERBOSH. La tante de Gérard Dow. A la plume. Dessin très fin, in-4.

907 ROBERT (Hubert). Grand paysage en hauteur. 38
Grand in-fol. à la plume lavé de bistre; vers la
gauche, deux femmes dont une lave. Beau
dessin signé *Robert*.

908 — Paysages avec ruines. 2 dessins pierre d'Ita- 21
lie, in-fol. en hauteur.

909 RUBENS. Tête de vieillard grandeur naturelle, 1
aux trois crayons, in-fol.

910 RUBENS (d'après). Sylène ivre soutenu par un
Satyre et un Silvain. Aquarelle petit in-fol.
Cadre noir.

911 SAINT-AUBIN (Gabriel de). Croquis à la plume, 41
bistre et pierre d'Italie, études. Vente Guichardot.

912 — Exécution chez les sauvages, in-8 à l'encre 80
de Chine, signé à l'envers. Joli dessin, a été
gravé.

913 — Naissance du duc de Bourgogne — La cuve 33
de Mesmer. 2 croquis à la plume.

914 SAINT-AUBIN (Aug. de). Bernard Chereau,
âgé de 18 ans, mort de la poitrine, le 7 nov. 1764.
Son frère Frauçois s'est noyé en 1798. Mine de
plomb, in-4.

915 — Le Menuet. Croquis à la plume lavé de
couleur. In-4.

916 — Jeune femme pinçant de la mandoline. A la
plume, in-4.

917 — Jean Jacques Rousseau embrassant son fils.
A la plume. Au bistre, in-4.

918 SCHENEAU. Sorcière sur son balai. Pierre d'Italie, in-4.

919 THENARD, *Vichy*, 69. Six heures du matin — Consultation — aux Célestins, un goutteux — un Diabétique. 4 aquarelles in-4. Très jolies.

920 THIENON (Cl.). Vues pour le voyage de France, commandé par le duc Decaze : Département de la Charente où fut tué le prince de Condé, tour de Lusignan, château d'Angoulême, de Cognac, où naquit François Ier, maison où il fut nourri, chaussée de César devant Taillebourg, Charente-Inférieure et autres vues. 14 dessins au crayon, petit in-fol.

921 — Château de Niort ou est née Mᵐᵉ de Maintenon, château de Poitiers, cathédrale et autres vues de Limoges. 7 dessins au crayon, petit in-fol.

922 VANLOO. Vénus sur les nuages. Sanguine, in-fol.

923 VERNET (J.). Bord de la mer. Pierre d'Italie, in-4.

924 VERNET (Carle). M. de Sommariva assis dans la campagne. Grand in-4 en travers, à l'encre de Chine.

925 — Incroyable, baisant la main d'une femme. A la plume et bistre.

926 — Les Incroyables : Tiens, c'est mon valet Lafleur. Beau dessin à l'encre de Chine bistrée, in-fol. Collection Behague.

927 — La même composition en contre-partie : l'Homme au lorgnon est à droite, in-fol. A l'encre de Chine, d'après *Carle Vernet*.

928 VERNET (H.). La Bouquetière et le Croque-Mort (chanson de Béranger). Croquis. Mine de plomb.

929 — Le Billet de logement demandé par deux cavaliers. A la plume, légèrement lavé de bistre. Grand in-fol.

930 WATTEAU. Croquis, sujet rond pour panneau décoratif. Sanguine, in-fol.

931 WILLE. Vainqueur de la Bastille se présentant à son épouse. A la plume, la cocarde et le ruban sont tricolores.

932 WILLE (P. A.) fils, 1802. Spadassin prêt à tirer son sabre, il est à mi-corps. Dessin énergique à la plume. Signé.

933 Trompe-l'œil à l'eau-forte, terminé au pinceau, in-fol. Sujets d'après Berghem, Rembrandt, etc.

934 *Académies* d'actrices avec leur nom, faites pour la corsetière du théâtre, à l'encre de Chine, in-4. 48 p. Collection Soleirol.

935 *Caricatures* sur Mlle Georges, actrices et autres. 4 dessins, crayons noir et rouge. Collection Soleirol.

936 *Costumes* des principaux rôles pour la tragédie de Venceslas, dessins à la plume et aquarelle. 9 p. petit in-fol. dont 8 sur vélin. Collections Soleirol et Léon Sapin.

937. *Costumes* 1680. Roi infernal — Furie, 2 aquarelles. Superbes, grand in-4.

938. — 1780. Roi oriental en manteau. Aquarelle, petit in-fol.

939. Collection de sujets étrusques en terre et en bronze. Aquarelles. 41 p. in-4, par *Beauvallet de Saint-Victor*.

940. Quelques portefeuilles.

Vᵉ Renou, Maulde et Cock, impr. de la Cⁱᵉ des Commissaires-Priseurs, rue de Rivoli, 144.   13287

9 782014 460612